Die Schorgasttalbrücke
The Schorgasttal Bridge

jovis

Für Siri und Svenja Remberg

Die Schorgasttalbrücke
The Schorgasttal Bridge

Bernhard Schäpertöns
Oliver Kleinschmidt

INHALT | CONTENTS

ENTWURF UND KONSTRUKTION
DESIGN AND CONSTRUCTION

Brücken – über meisterliche Ingenieurleistungen
Bridges – Engineering Feats of Our Time

Reiner Nagel
Vorstandsvorsitzender Bundesstiftung Baukultur | Chair of the Federal Foundation of Baukultur

Bestehende und neue Verkehrsinfrastrukturen sind zentrale und prägende Elemente öffentlicher Räume – sie müssen überzeugend konstruiert und gut gestaltet werden. Im Zeitalter einer globalen und mobilen Gesellschaft übernehmen Transiträume verstärkt die Rolle als örtliche Visitenkarte mit identitätsstiftender Wirkung. Im Um- und Ausbau von Verkehrsinfrastrukturen liegen deshalb große Potenziale für gestalterische und strukturelle örtliche Verbesserungen.

Brückenbau ist die Königsdisziplin der Ingenieurbaukunst. Im günstigsten Fall sind Brücken nicht nur konstruktive Meisterleistungen, sondern werden zu architektonischen Landmarken. Die Qualität einer Brücke erschließt sich meist unmittelbar aus ihrem funktionalen Nutzten und ihrer kontextuellen, also auf den Ort bezogenen Entwurfslösung. Jede Bauaufgabe im System Straße oder Schiene wird dabei für den betroffenen Ort zur historischen Zäsur und zum prägenden Strukturelement für Siedlung und Landschaft. Um dieser Verantwortung gerecht zu werden, sind Gestaltungswettbewerbe häufig das geeignete Mittel.

Die aus einem solchen Wettbewerb hervorgegangene neue Schorgasttalbrücke erfüllt beide an sie gestellten Anforderungen: Sie ist ein Element leistungsfähiger Verkehrsinfrastruktur und gleichzeitig prägendes Zeichen für den Landschaftsraum. Dies geschieht durch eine überzeugende Ingenieurlösung, bei der die Brücke selbst zum einprägsamen Bauwerk wird, das sich harmonisch in den Landschaftsraum des Schorgasttals einfügt.

Die Schrägseillösung mit einseitiger Aufhängung an Pylonen, die sich „in die Kurve legen", macht die räumliche Situation schon aus der Ferne ablesbar. Für die Straßennutzenden entsteht ein nachhaltig spannendes Bild, das als Wegmarke positiv in Erinnerung bleibt. Die von der Industrie häufig allein dem Fahrzeug zugeschriebene Kompetenz für eine zukunftsgerichtete Mobilität ist eben nur die halbe Wahrheit. „Freude am Fahren" entsteht erst mithilfe einer emotional berührenden Verkehrsinfrastruktur und Ingenieurbaukunst. Die Bundesstiftung Baukultur gratuliert herzlich zur Fertigstellung der neuen Schorgasttalbrücke und zur dieser meisterlichen Ingenieurleistung!

Traffic infrastructures, whether existing or newly built, play a crucial role in defining the character of our public spaces. That's why it's so important that they be convincingly constructed and well designed. In the age of a global and mobile society, transit spaces are increasingly taking on the role of local showpieces that create identities. The conversion and expansion of traffic infrastructures therefore offers great potential for local improvements in terms of design and construction.

Bridge construction is the supreme discipline of civil engineering. In the best cases, bridges are not only structural masterpieces, but also architectural landmarks. The quality of a bridge is usually derived directly from its functional use and its contextual, i.e. site-related, design solution. For the place concerned, every construction project in the road or rail system becomes a historical intervention and a formative structural element for built-up areas as well as for the open landscape. In order to meet this responsibility, design competitions are often the appropriate means.

The new Schorgasttal Bridge, which emerged from such a competition, fulfills both of the requirements placed on it: it is an element of efficient traffic infrastructure and at the same time, a distinctive landmark in the landscape. This is achieved through a convincing engineering solution in which the bridge itself becomes a memorable structure that blends harmoniously into the landscape of the Schorgasttal valley.

The choice of a cable-stayed construction with one-sided suspension from pylons that "lean into the curve", makes the spatial situation readable even from a distance. For road users, this creates a memorable, exciting image that is positively remembered as a waymark. The competence for future-oriented mobility is often attributed by the industry to the vehicle alone; however this is only half the story. It is an emotionally moving traffic infrastructure and the art of engineering that truly create "the joy of driving". The Federal Foundation of Baukultur congratulates on the completion of the new Schorgasttal Bridge and the inauguration of this masterful engineering achievement it represents!

Reiner Nagel

Brückenbauwerke – ihr Einfluss auf Mensch und Natur
Bridges – Their Impact on People and Nature

Andres Lepik
Direktor Architekturmuseum München | Director of the Munich Architectural Museum

„Manchmal ist man versucht zu denken, architektonische Qualität im Brückenbau wäre gar keine schwierige Aufgabe, wenn man darauf achtete, dass die Brücke am richtigen Ort steht, ihre Linienführung stimmt und die Widerlager und Pfeiler richtig platziert sind."[1]

Was sind eigentlich Brücken? Diese Frage stellt seit mehreren Jahrzehnten die 1998 neu konzipierte und immer wieder aktualisierte Brückenbau-Ausstellung des Deutschen Museums, München.[2] Die zum großen Teil als realitätsnahe Modelle präsentierten Antworten des Museums „von Meisterwerken der Naturwissenschaft und Technik" sind vielseitig: praktisch, fantastisch, prominent, symbolhaft und monumental, um nur einige Elemente der Faszination zu benennen, die Brückenbauten seit Jahrtausenden auf den Menschen ausüben. Erst der Bautyp des Hochhauses hat den Brücken im 20. Jahrhundert starke Konkurrenz in der öffentlichen Bewunderung geschaffen.

Im Unterschied zur Architektur des Hochbaus begründen Brücken ihre Existenz immer auf der Überwindung von Hindernissen. Ob ein Fluss, ein Tal oder sonstige Objekte den Weg von Menschen versperren, immer sind auch die Form und das Aussehen einer Brücke dem Nutzen zu- bzw. untergeordnet. Als sogenannte Ingenieurbauwerke dienen sie vorrangig dem Verkehr, sie sind lineare Magistralen, die den Raum durchschneiden bzw. durchkreuzen. Selten verfügen sie über ornamentalen Schmuck, vielmehr sind es ihre massive Materialität und stringente Struktur, Anordnung sowie Gliederung, die ihren Charakter prägen. Hochbauten sind in der Regel multifunktional, Brücken dagegen immer rein monofunktional. Die Signifikanz und Schönheit einer Brücke resultiert aus der Summe ihrer elementaren Aspekte wie Effizienz, Wirtschaftlichkeit und Ästhetik. Diese Faktoren funktional und visuell zum Ausdruck zu bringen, darin liegt die Herausforderung für jeden Brückenplaner.

Der Brückenbau gehört zu den ältesten Bauaufgaben der Menschheit. Seit dem 19. Jahrhundert jedoch, durch die industrielle Revolution und die rasant zunehmende Mobilität, durch die damit einhergehende Entwicklung von Schienen- und später Kraftfahrzeugen haben sich die Anforderungen an Brücken dramatisch verändert. Die wachsende Beschleunigung des Verkehrs führte dabei einerseits zu immer höheren technischen Herausforderungen, andererseits aber auch zu einer schwindenden Wertschätzung des Bauwerks. Denn für die eingehende Betrachtung einer Brücke bedarf es einer gewissen Muße. Ähnlich der Wertschätzung eines

"Sometimes one is tempted to think that architectural quality in bridge construction would not be a difficult task at all, if one took care that the bridge was in the right place, that its lines were correct, and that the abutments and piers were properly placed."[1]

What are bridges, anyway? For several decades, this question has been asked by the bridge-building exhibition of the Deutsches Museum, Munich, which was redesigned in 1998 and has been regularly updated.[2] Presented largely as realistic models, the answers given by the museum "of masterpieces of science and technology" are manifold: practical, fantastic, prominent, symbolic and monumental, to name just a few elements of the fascination that bridge structures have exerted on people for millennia. It was not until the emergence of the skyscraper as a new building type in the 20th century that bridges faced strong competition in public admiration.

In contrast to the architecture of high-rise buildings, bridges invariably base their existence on overcoming obstacles. Whether a river, a valley or other objects block the way of people, the form and appearance of a bridge is always subordinate to its use. As so-called engineering structures, they serve primarily for traffic, they are thoroughfares that cut through or cross space. Rarely do they have any ornamental decoration; rather, it is their solid materiality and stringent structure, their placement and articulation that define their character. As a rule, high-rise buildings are multi-functional, whereas bridges are always purely mono-functional. The significance and beauty of a bridge is the sum of its elementary aspects such as efficiency, economy and aesthetics. The challenge for every bridge designer is to express these factors functionally and visually.

Bridge construction is one of the oldest building tasks of mankind. Since the 19th century, however, due to the Industrial Revolution and the rapidly increasing mobility caused by the development of rail and later automobile vehicles, the requirements for bridges have changed dramatically. The growing acceleration of traffic has led on the one hand to ever greater technical challenges, but on the other hand to a diminished appreciation of bridge structures. After all, it takes a certain amount of leisure to take a close look at a bridge. Similar to the appreciation of a work of art, the perception of an engineering structure depends on the "satisfaction of the contemplative observer"[3] or user. Only this enables us to recognize and better understand the "signature of the aesthetic"[4] of a bridge

Karlsbrücke, Prag, 1357–1402
Charles Bridge, Prague, 1357–1402

Brooklyn Bridge, New York City,
Entwurf: John Augustus Roebling, 1869–1883
Brooklyn Bridge, New York City,
design: John Augustus Roebling, 1869–1883

Die Eisenbahnbrücke von Argenteuil,
Claude Monet, 1873

Railway Bridge at Argenteuil,
Claude Monet, 1873

Japanische Brücke im Garten von Giverny,
Claude Monet, 1899

Japanese Bridge in the Garden of Giverny,
Claude Monet, 1899

Kunstwerks kommt es bei der Wahrnehmung eines Ingenieurbauwerks auf die „Befriedigung des kontemplativen Betrachters"[3] bzw. Nutzers an. Erst diese ermöglicht uns, über die reine Nützlichkeit hinaus, die „Signatur des Ästhetischen"[4] eines Brückenbauwerks zu erkennen und besser zu begreifen. Wer jedoch in einem ICE mit 260 Stundenkilometern über eine Brücke rast, kann deren Form und Konstruktion, ihren Bezug zur Umgebung nicht mehr wahrnehmen.

Für das bessere Verständnis der kulturellen Dimension von Brücken ist ein reflexiver Umweg über die Kunst von Interesse. Insbesondere, wenn Ingenieurbauten selbst zum Sujet von Kunstwerken werden, offenbaren sie manch überraschende Einblicke in die kulturelle Wahrnehmung und Wertschätzung dieser Bauten. Ein Beispiel sind zwei Gemälde des französischen Impressionisten Claude Monet mit ganz unterschiedlichen Ansätzen: *Die Eisenbahnbrücke von Argenteuil* aus dem Jahre 1873 und die über 20 Jahre später gemalte *Japanische Brücke im Garten von Giverny* von 1899. Beide Brücken-Porträts zeigen nicht nur komplett unterschiedliche Konstruktionen, sondern definieren sich auch über ihre jeweils konträre Relation zu Natur und Landschaft. Im einen Fall überspannt für damalige Zeiten modernste Technik aus Stahl und Eisen die Seine, in dem anderen führt ein hölzerner Steg über einen idyllisch-verträumten Teich im Garten des Künstlers – in beiden Beispielen reflektieren die jeweiligen Konstruktionsweisen die unmittelbare natürliche Umgebung einschließlich ihrer atmosphärischen Stimmungen. Linear-konstruktive Rationalität als Tribut an die sich rasant verändernde gesellschaftliche Situation findet sich im ersten, eine eher romantische, individualistische Rückzugsutopie dagegen im zweiten Bild.

Infrastrukturbauten, wie z. B. Brücken, Dämme, Lärmschutzwände oder Tunnel, definieren, beeinflussen und prägen den Genius Loci, d. h. den Charakter eines Ortes, maßgeblich. Allerdings nicht immer in einem positiven, sondern vielfach auch einem negativen Sinn. In Deutschland macht es sich seit 2006 die Bundesstiftung Baukultur zur Aufgabe, baukulturelle Leitbilder zu schaffen. Denn „die gebaute Umwelt hält bei zukunftweisenden Transformationen einen wichtigen Schlüssel für Charakter und Identität bereit. Baukulturelle Leitbilder wirken sich positiv auf die Weiterentwicklung von Städten, Orten und Landschaften aus".[5] Ganz im Sinne der heute in Deutschland fest etablierten Baukultur liegt ein Fokus der Stiftung auch auf dem Brückenbau.[6] Die Trassenführung, die richtige Form, die Wahl passender Baumaterialien und schließlich die Schönheit und

structure, beyond its mere usefulness. However, anyone speeding across a bridge in an ICE train at 260 kilometres per hour can no longer perceive its form and construction, its relationship to its surroundings.

For a better understanding of the cultural dimensions of bridges, a reflexive detour via art is of interest. In particular when engineering structures themselves become the subject of works of art, they reveal surprising insights into the cultural perception and appreciation of these structures. One example are two paintings by the French Impressionist Claude Monet that rely on quite different approaches: the *Railway Bridge at Argenteuil* from 1873, and the *Japanese Bridge in the Garden of Giverny* from 1899, painted over 20 years later. Both bridge portraits not only show completely different constructions, but are also defined by their contrasting relationship to nature and landscape. In one case, contemporary state-of-the-art technology made of steel and iron spans the Seine; in the other, a wooden footbridge leads across an idyllic, dreamy pond in the artist's garden – in both examples, the construction methods reflect the immediate natural surroundings, including their atmospheric moods. The first painting depicts a form of linear-constructive rationality, viewed as a tribute to the rapidly changing society; the second shows a more romantic, individualistic utopia of retreat.

Infrastructure buildings such as bridges, dams, noise barriers or tunnels define, influence and shape the "genius loci", i.e. the character of a place, in significant ways. However, they do not always do so in a positive sense, but often also in a negative one. In Germany, the Bundesstiftung Baukultur (Federal Foundation for Building Culture) has made it its task since 2006 to create guiding principles for building culture. For "the built environment holds an important key to character and identity in forward-looking transformations. Model works of building culture have a positive effect on the further development of cities, towns and landscapes".[5] In keeping with the building culture that is firmly established in Germany today, one focus of the foundation is on bridge construction.[6] The alignment, the right form, the choice of suitable building materials and finally the beauty and elegance of the components are all elements of "Structural Art".[7] The American civil engineer and professor at Princeton University, David P. Billington, used this term to establish civil engineering constructions as a type of art in its own right, equating it with architecture. Whether designing a skyscraper or building a bridge, structural feats of this kind are based on the

Eleganz der Bauteile sind allesamt Komponenten der „Structural Art".[7] Der amerikanische Bauingenieur und Professor an der Princeton University David P. Billington etablierte mit diesem Begriff die neue eigenständige Kunstform des Ingenieurbaus, die er der Architektur gleichstellte. Sei es die Konzeption eines Hochhauses oder die eines Brückenschlags, bauliche Höchstleistungen dieser Art basieren auf dem Wissen, Können und der Einfühlung von Bauingenieuren. Ohne ihre Inspiration sind auch Brücken allenfalls technisch-funktionale Konstruktionen ohne Eigenwert.

Ein harmonisch in die Landschaft integriertes Bauwerk kann zum Symbol des allgemeinen Verhältnisses von Mensch und Natur werden, es kann seine Wahrnehmung der Natur im Idealfall sogar noch steigern. Aber von welchem Naturbild können wir zu Beginn des 21. Jahrhunderts überhaupt noch sprechen, wenn diese immer mehr von irreversiblen Eingriffen der Menschheit verändert wird? Mensch, Natur und Umwelt stehen heute im erdgeschichtlichen Zeitalter des Anthropozäns, der Epoche, in der der Mensch zum all-dominanten (und gleichfalls zerstörerischen) Faktor der Erdentwicklung geworden ist. Spätestens seit der Industrialisierung begreift und gestaltet die Menschheit ihr natürliches Umfeld als einen Raum, der in erster Linie den Ansprüchen einer exponentiell wachsenden Bevölkerung nutzbar gemacht werden soll: ob als Rohstoffquelle oder Mülldeponie, ob als Bauland oder Verkehrsfläche. Kriterien der Wirtschaftlichkeit und Funktionalität nehmen überhand. Urbane Strukturen und Hierarchien werden dabei immer mehr in den ländlichen Raum ausgedehnt. Das Landschaftsbild unterliegt dabei einem permanenten Wandel. Infrastrukturbauten – von der Straße über den Bahndamm, Schifffahrtskanal bis hin zu Windrädern und Solarfarmen – sind dabei die Protagonisten der fortgesetzten industriellen Revolution in der Fläche.[8] Und die aufgelassenen Relikte der Industrialisierung, die eine massive Zerstörung der natürlichen Topografie und Natur signalisieren, werden inzwischen selbst schon zum Landschaftspark umgeformt und umgedeutet.

Eine Brücke ist immer auch eine Metapher für technische Vollkommenheit. Denn durch die ingenieurtechnische Perfektion und Präzision ist sie ein Garant für die Sicherheit der Nutzer. Nur unser Urvertrauen in die Fähigkeiten der Ingenieure, der Konstrukteure und Bauleute befähigt uns, unbeschadet und unbekümmert den Weg über eine Brücke zu nehmen. Wer Zweifel hegt oder gar die Brücke mit Missachtung oder -handlung straft, dem ergeht es wie in Kafkas Kurztext *Die Brücke* aus seinem Nachlass.

knowledge, skill and empathy of civil engineers. Without their inspiration, bridges too are at best technical-functional constructions without intrinsic value.

A building harmoniously integrated into the landscape can become a symbol of the general relationship between man and nature; ideally it can even increase human sensitivity to nature. But what image of nature can we still speak of at the beginning of the 21st century, when nature is increasingly being transformed by irreversible human interventions? Humans, nature and environment are today in the geological age of the Anthropocene, the epoch in which humans have become the all-dominant (and at the same time destructive) factor of the earth's development. Since the beginnings of industrialization at the latest, mankind has conceived and shaped its natural environment as a space that is primarily to be made usable for the demands of an exponentially growing population: whether as a source of raw materials or site for waste disposal, whether as building land or traffic areas. Criteria of economic efficiency and functionality prevail. Urban structures and hierarchies are increasingly extended into rural areas. The landscape is subject to permanent change. Infrastructure buildings – from roads to railroad embankments and shipping canals to wind turbines and solar farms – are the protagonists of the continuing industrial revolution in the countryside.[8] And the abandoned relics of industrialization, which signal a massive destruction of the natural topography and of nature as a whole, are themselves already being transformed and reinterpreted as landscape parks.

A bridge is always a metaphor for technical perfection. Its engineering accomplishment and precision make it a guarantor of user safety. It is our primal trust in the abilities of the engineers, the designers and the builders that enables us to take the path across a bridge unharmed and unconcerned. Those who harbor doubts or even punish the bridge with disregard or maltreatment will suffer the same fate as the man in Kafka's posthumously published short story "The Bridge". In this story, a bridge turned human revolts against the brutal treatment by a "man's step" and collapses under him.[9] The relationship of the viewer and user to the structure is an essential element of the appreciation, or treatment, of a bridge. Thus it was a national tragedy for Italy when the Morandi Bridge in Genoa collapsed in August 2018, killing 43 people.

The shape of a bridge, and the symbolism that becomes associated with it, may take on a significance that contributes to the identity of a place or region, or even an entire country. Prague's

Öresundbrücke, Kopenhagen–Malmö,
Entwurf: Ove Arup & Partners, 1991–2000

Øresund Bridge, Copenhagen–Malmo,
design: Ove Arup & Partners, 1991–2000

Viadukt von Millau, A 75, Aveyron, Frankreich, Entwurf:
Michel Virlogeux und Norman Foster, 1996–2004

Millau Viaduct, A 75, Aveyron, France, design:
Michel Virlogeux and Norman Foster, 1996–2004

Ganterbrücke, Kanton Wallis, Schweiz,
Entwurf: Christian Menn, 1976–1980

Ganter Bridge, Canton of Valais, Switzerland,
design: Christian Menn, 1976–1980

Sustenpass, Kantone Bern und Uri, Schweiz,
1938–1945

Susten Pass, Cantons of Bern and Uri, Switzerland,
1938–1945

Dort revoltiert die menschgewordene Brücke gegen die brutale Behandlung durch einen „Mannesschritt" und bricht unter ihm ein.[9] Das Verhältnis des Betrachters und Nutzers zum Bauwerk ist gleichermaßen essenziell für die Wertschätzung, sprich die Behandlung, einer Brücke. So war es denn auch eine nationale Tragödie für Italien, als im August 2018 die Morandi-Brücke in Genua einstürzte und 43 Menschen ums Leben kamen.

Die Form und die damit verbundene symbolhafte Signifikanz einer Brücke kann nicht nur identitätsstiftend für einen Ort, sondern auch darüber hinaus für eine Region oder gar ein ganzes Land sein. Die Prager Karlsbrücke (1357–1402), Venedigs Rialto-Brücke (1588–1592), die Brooklyn Bridge in New York (1869–1883) und die Golden Gate Bridge in San Francisco (1937) stellen kulturelle Fixpunkte einer Gesellschaft dar. Die Europabrücke der Brennerautobahn bei Innsbruck (1963), die dänisch-schwedische Öresundbrücke (1991–2000) sowie das Viadukt von Millau (1996–2004) in Frankreich gelten als Beispiele für übergeordnete nationale, internationale oder gar politische Ambitionen und Visionen. In dem einen wie dem anderen Fall sind Brücken hervorstechende Wahrzeichen, die vielfache Identitätsansprüche und -muster auf sich vereinen. Im Idealfall verkörpert eine Brücke die Gestaltungsmacht des Menschen über die Natur, die weit über ihre konkrete Form hinausstrahlt. Ein eindrucksvolles Beispiel einer synästhetischen Würdigung einer Verkehrsverbindung gelang dem Schweizer Bauingenieur und Architekten Walter Zschokke, der 1996 exemplarisch an der 1946 vollendeten Sustenpassstraße die vielfältigen Bezüge und Verbindungen dieser hochalpinen Durchwegung analysierte.[10] Allerdings stellen Brücken, neben Stützmauern, Wendeplatten, Tunnels und Wehrsteinen, nur einen Bruchteil der 45 Kilometer langen „großmaßstäblichen *promenade architecturale*"[11] dar. Sie gehen sozusagen nahtlos im Gesamtkunstwerk auf.

Eine herausragende Publikation zur Geschichte und Interpretation von Brücken stammt von dem bereits erwähnten Ingenieur David P. Billington: *Der Turm und die Brücke* (1985). In seinem abschließenden Kapitel „Demokratie und Konstruktion" bietet Billington darin eine Hommage an jeden gelungenen Brückenschlag, sprich das Überbrücken von Distanzen, Materialien, Farben und Formen, einschließlich jeglicher Art von Mobilität und Emotionalität. Am Beispiel von Christian Menns Ganterbrücke (als Teil der Simplonpassstrasse) stellt er dies exemplarisch dar: „Die Ganterbrücke verkörpert das Ideal, dass aus Wettbewerb neue Formen der Eleganz entstehen können. Ingenieure, die in

Charles Bridge (1357–1402), Venice's Rialto Bridge (1588–1592), the Brooklyn Bridge in New York (1869–1883) and the Golden Gate Bridge in San Francisco (1937) are cases in point; they have become a cultural fixture of their society. The Europa Bridge (1963) near Innsbruck carrying the E45 Brenner highway, the Danish-Swedish Øresund Bridge (1991–2000), and the Millau Viaduct (1996–2004) in France are considered examples of overarching national, international or even political ambitions and visions. In both instances, bridges are prominent landmarks that bring together multiple identity claims and patterns. Ideally, a bridge embodies man's creative power over nature, radiating far beyond its concrete form. The Swiss civil engineer and architect Walter Zschokke achieved an impressive example of a synesthetic appreciation of a traffic connection in his 1996 publication on the Susten Pass road in Switzerland. In his book, he analyzed the manifold references and connections of this high-alpine thoroughfare, which was completed in 1946.[10] However, bridges, along with retaining walls, hairpins, tunnels and kerbstones, represent only a fraction of the 45-kilometre-long "large-scale *promenade architecturale*".[11] They merge, seamlessly so to speak, into a Gesamtkunstwerk.

An outstanding publication on the history and interpretation of bridges is by the aforementioned engineer David P. Billington: *The Tower and the Bridge: The New Art of Structural Engineering* (1985). In his concluding chapter, "Democracy and Design", Billington offers a tribute to every successful type of bridge, i.e. the bridging of distances, materials, colours and forms, including every kind of mobility and emotion. He uses Christian Menn's Ganter Bridge, which forms part of the Simplon Pass road in Switzerland, as an example to illustrate this: "The Ganter Bridge expresses the ideal that out of competition can come new forms of elegance. Engineers trained in the context of design competitions have in view the alternative possibilities more clearly than do other engineers. Design is, after all, a sequence of comparative choices, and design competitions force engineers to contrast their work with that of others. Securing a design commission is thereby less the result of political friendship and more directly tied to a comparative judgment of design quality.

Above all, the Ganter Bridge is a personal design in the direct tradition of Telford, Roebling, Eiffel, and Maillart – each of whom created his personal style – and its deepest meaning lies in its expression of an artistic personality."[12]

Entwurfswettbewerben gestählt sind, haben einen offeneren Blick auf alternative Möglichkeiten als andere Ingenieure. Schließlich entsteht ein Entwurf immer aus einer Folge von Abwägungen, und Entwurfswettbewerbe zwingen Ingenieure, ihre Arbeit mit der von anderen zu vergleichen. Einen Auftrag für einen Entwurf zu erhalten, ist daher weniger das Ergebnis politischer Verbindungen, sondern mehr das Resultat einer vergleichenden Beurteilung der Qualität eines Entwurfs.

Aber vor allem ist die Ganterbrücke ein persönlicher Entwurf in der direkten Tradition von Telford, Roebling, Eiffel und Maillart – die alle ihren persönlichen Stil schufen –, und ihre tiefste Bedeutung ist ihr Ausdruck einer Künstlerpersönlichkeit."[12]

Jede neue Brücke ist ein Kommentar zum dem sich ständig wandelnden Bezugsfeld von Mensch und Natur, von konstruktiven Möglichkeiten und technischen Herausforderungen. Und im besten Fall, wenn sie denn über die persönliche Vision des Ingenieurs hinaus auch ihre komplexen Bedingtheiten sichtbar macht, stellt sie einen Beitrag zur „Structural Art" dar. Dann wird die technisch-konstruktive Lösung einer funktionalen Aufgabe durch die kulturelle Dimension überstrahlt.

Each new bridge is a commentary on the ever-changing field of tension between man and nature, between constructive possibilities and technical challenges. And in the best of cases, if a bridge makes its complex conditions visible beyond the engineer's personal vision, it will become a contribution to "Structural Art". In that fortunate situation, the technical-constructive solution to a functional task will be outshone by the cultural dimension.

1. Conzett, Jürg: *Landschaft und Kunstbauten*, Scheidegger & Spiess, Zürich 2010, S. 57

2. Klubertanz, Alex: *Brückenbau*, 2. Aufl., Deutsches Museum, München 2010

3. Hofmann, Werner: *Die Grundlagen der modernen Kunst*, Kröner Verlag, Stuttgart 1987, S. 24

4. Ibid. S. 34

5. Bundesstiftung Baukultur: *Baukulturbericht 2018/19*, Potsdam 2019

6. Siehe Bundesstiftung Baukultur: *Brückenbau als Bestandteil der modernen Baukultur – Erläuterungen anhand von realisierten Praxisbeispielen*, Internationale Arbeitstagung Brücken- und Ingenieurbau 2018, Potsdam, 25. April 2018

7. Siehe David P. Billington, der das Hauptargument seines Buchs *Der Turm und die Brücke: Die neue Kunst des Ingenieurbaus* (Princeton University Press, Princeton, NJ, 1985) der Definition und Erklärung des Begriffs Structural Art (Ingenieurbaukunst) widmet: „Diese drei Begriffspaare – Schlankheit und Sicherheit, Integration und Kosten sowie Kontrast und Affinität – weisen einen Weg, um zu klären, was eigentlich ein Werk der Structural Art ist.", S. 246

8. Siehe Kowács, Lilla Szilvia: *Brücken als Teil der Landschaft: Ein Beitrag zum aktuellen Diskurs über Infrastruktur und Landschaft*, Masterarbeit, Institut für Landschaftsarchitektur, Universität für Bodenkultur Wien, 2015

9. Siehe Bihalji-Merin, Oto (Hrsg.): *Brücken der Welt*, R. Löwit, Wiesbaden 1971, S. 123. Das Buch ist darüber hinaus eine Fundgrube, wie Brücken über die Jahrtausende und Kontinente hinweg kulturell und technisch verstanden wurden und immer noch werden.

10. Zschokke, Walter, mit Menn, Christian: *Die Strasse in der vergessenen Landschaft – der Sustenpass*, gta-Verlag, Zürich 1996, siehe auch Anm. 1: Conzett, Jürg: *Landschaft und Kunstbauten*

11. Ibid. Conzett, Jürg: *Landschaft und Kunstbauten*, S. 241

12. Ibid. Billington, David P.: *Der Turm und die Brücke*, S. 242

1. Conzett, Jürg: *Landschaft und Kunstbauten*, Scheidegger & Spiess, Zurich 2010, p. 57

2. Klubertanz, Alex: *Brückenbau*, 2nd ed., Deutsches Museum, Munich 2010

3. Hofmann, Werner: *Die Grundlagen der modernen Kunst*, Kröner Verlag, Stuttgart 1987, p. 24

4. Ibid. p. 34

5. Bundesstiftung Baukultur: *Baukultur Bericht 2018/19*, Potsdam 2019

6. See Bundesstiftung Baukultur: *Brückenbau als Bestandteil der modernen Baukultur – Erläuterungen anhand von realisierten Praxisbeispielen*, International Workshop on Bridge and Civil Engineering 2018, Potsdam, 25 April 2018

7. See David P. Billington, whose book *The Tower and the Bridge: The New Art of Structural Engineering*, Princeton University Press, Princeton, NJ, 1985, is devoted to defining and explaining the term 'structural art': "Those three pairs of criteria – thinness and safety, integration and cost, contrast and affinity – suggest a way to clarify the idea of a work of structural art." p. 270

8. See Kowács, Lilla Szilvia: *Brücken als Teil der Landschaft, Ein Beitrag zum aktuellen Diskurs über Infrastruktur und Landschaft*; Master's Thesis, Institute of Landscape Architecture, University of Natural Resources and Life Sciences (BOKU), Vienna 2015

9. See Bihalji-Merin, Oto (Ed.): *Brücken der Welt*, R. Löwit, Wiesbaden 1971, p. 123. The book is also a treasure trove of how bridges have been and continue to be understood culturally and technically across millennia and continents.

10. Zschokke, Walter, with Menn, Christian: *Die Strasse in der vergessenen Landschaft – der Sustenpass*, gta-Verlag, Zurich 1996, see also footnote 1: Conzett, Jürg: *Landschaft und Kunstbauten*

11. Ibid. Conzett, Jürg: *Landschaft und Kunstbauten*, p. 241

12. Billington, David P.: *The Tower and the Bridge*, p. 265

Wettbewerb, Planerauswahl, Bau | From Competition to Construction

Kurt Schnabel
Leitender Baudirektor a. D., ehem. Behördenleiter, Staatliches Bauamt Bayreuth
Former Head of Authority, Bayreuth State Building Authority

Christoph Schultheiß
Baudirektor, Leiter Konstruktiver Ingenieurbau, Staatliches Bauamt Bayreuth
Head of Department of Civil and Structural Engineering, Bayreuth State Building Authority

Kurt Schnabel

Christoph Schultheiß

Historie

Die Bundesstraße 289 verläuft als eine der wichtigsten Hauptverkehrsachsen in West-Ost-Richtung quer durch den Landkreis Kulmbach und ist sehr stark frequentiert, insbesondere auch vom Schwerlastverkehr. Daher begannen schon vor vielen Jahren Voruntersuchungen für eine Umfahrung der Ortschaften Kauerndorf und Untersteinach. Die Schorgasttalbrücke ist Bestandteil dieser Umfahrung. Ein entsprechendes Planfeststellungsverfahren wurde von 1970 bis 2009 betrieben. Insbesondere seit der deutschen Wiedervereinigung, aber auch in Bezug auf den Verkehr mit der Tschechischen Republik hat die B 289 signifikant an Bedeutung hinzugewonnen. So passierten täglich 16.000 bis 19.000 Fahrzeuge die zwei Ortschaften. Nach einem positiven Raumordnungsverfahren 1997 wurde die Ortsumgehung im Bedarfsplan für Bundesfernstraßen als „vordringlich" eingestuft. Mit dem Planfeststellungsbeschluss der Regierung von Oberfranken vom 24. Juli 2009 konnte vollziehbares Baurecht geschaffen werden.

Aufgrund der europäischen Fauna-Flora-Habitat-Richtlinie, kurz FFH-Richtlinie, einer Naturschutzrichtlinie der EU, ist das Schorgasttal mit dem FFH-Gebiet „Mainaue und Muschelkalkhänge zwischen Kauerndorf und Trebgast" ein geschützter Naturraum. Seine Entwicklungs- und Erhaltungsziele dürfen nicht wesentlich beeinträchtigt werden. Somit hatte die Straßenplanung die besondere Pflicht, den Anforderungen aus dem Schutz der Natur besonders Rechnung zu tragen. Dies beinhaltete Ausgleichsmaßnahmen wie die Schaffung von Flachlandmähwiesen und artenreicher Wiesen sowie Neupflanzungen von Gehölzen. Die umzusetzenden Baumaßnahmen im Schorgasttal umfassten eine ca. 420 Meter lange Straßenbrücke einschließlich einer vor-geschalteten ca. 140 Meter langen Galerie über die Bahnlinie Bamberg–Hof, die das Schorgasttal beide diagonal durchmessen. Ein 720 Meter langer Tunnel nördlich von Kauerndorf wird folgen.

Realisierungswettbewerb

Ingenieurbauwerke in exponierter Lage sollen laut der Richtlinie für Planungswettbewerbe (RPW 2008) des Bundesministeriums für Verkehr, Bau und Stadtentwicklung mithilfe eines Planungswettbewerbs ausgeschrieben werden. Im Fall der Schorgasttalbrücke entschied sich das Staatliche Bauamt Bayreuth für einen zweistufigen, nichtoffenen Realisierungswettbewerb, der nur Arbeits-

Background

The federal highway B 289 crossing the district of Kulmbach is one of the region's main east-west traffic arteries and is heavily frequented, especially by heavy goods traffic. As a consequence, preliminary studies for a bypass around the villages of Kauerndorf and Untersteinach began many years ago. The Schorgasttal Bridge is part of this bypass. A formal planning consultation and approval procedure was initiated in 1970 and continued until 2009. After German reunification, but also with mounting traffic flows from and to the Czech Republic, the B 289 became an increasingly important traffic route with 16,000 to 19,000 vehicles passing through the two localities every day. Following a regional planning procedure, approval was recommended in 1997 and the bypass was classed an "urgent measure" in the federal highways' requirement plan. Once final planning approval was granted by the government of Upper Franconia on 24 July 2009, all legal requirements for carrying out construction of the bypass were fulfilled.

The Schorgasttal valley together with the nature reserve of the "River Main meadows and limestone valleys between Kauerndorf and Trebgast" is designated a protected area according to the European Habitats Directive for the conservation of natural habitats and of wild fauna and flora. As such, its development and conservation objectives should not be significantly compromised. The road planning therefore had to give special consideration to the nature protection requirements, and included compensatory measures such as the creation of lowland and species-rich meadows as well as the planting of trees and bushes. The planned civil engineering structures for the valley included a road bridge, approx. 420 metres long, preceded by a gallery, approximately 140 metres long, over the Bamberg–Hof railway line. The bridge and gallery both cross the Schorgasttal valley diagonally. North of Kauerndorf, a 720-metre-long tunnel will follow.

The Competition

According to the Guidelines for Planning Competitions (RPW 2008) of the Federal Ministry of Transport, Building and Urban Affairs, engineering structures in prominent locations are to be put out to tender by means of a planning competition. In the case of the Schorgasttal Bridge, the Bayreuth State Building Authority decided on a two-stage, restricted competition, which was open exclusively to

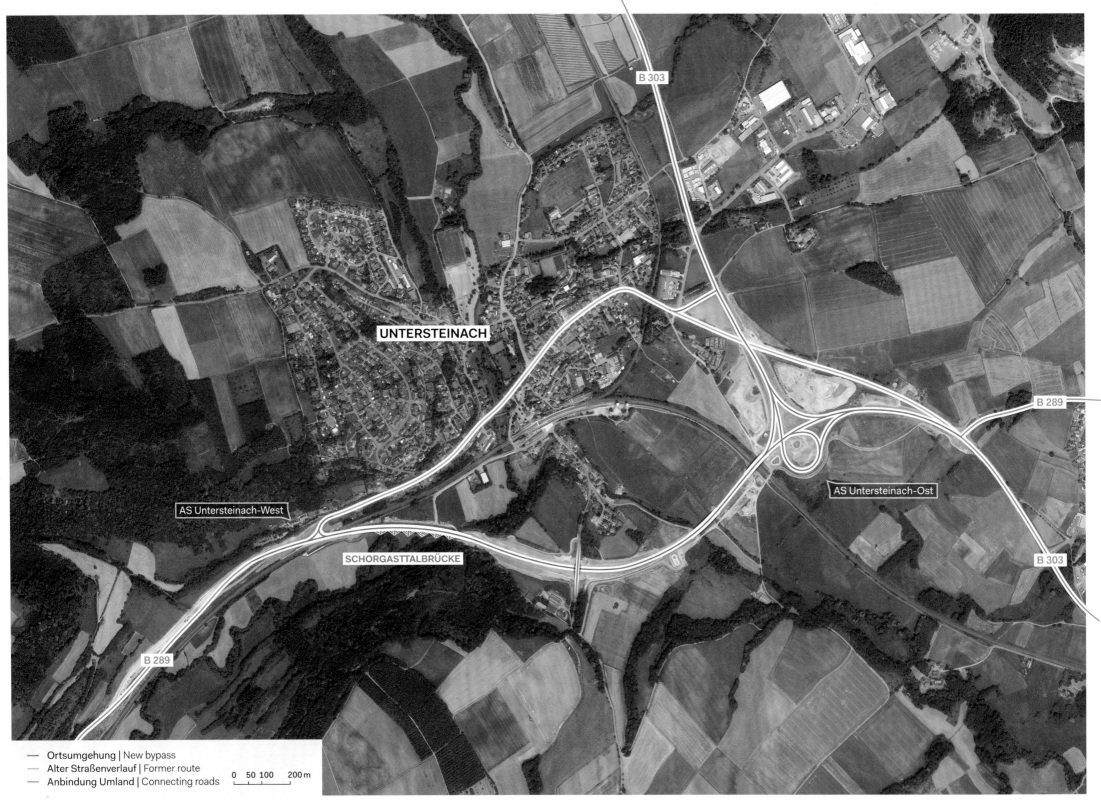

UNTERSTEINACH

B 303

B 289

B 303

AS Untersteinach-West

AS Untersteinach-Ost

SCHORGASTTALBRÜCKE

B 289

— Ortsumgehung | New bypass
— Alter Straßenverlauf | Former route
— Anbindung Umland | Connecting roads

0 50 100   200 m

gemeinschaften von Bauingenieuren und Architekten unter Feder-
führung der Bauingenieure offenstand. Die letzte Runde setzte
sich aus fünf Arbeitsgemeinschaften zusammen. Wir als Auslober
erwarteten von den eingereichten Arbeiten gut gestaltete Bauwerke mit optimalen Lösungen in Bezug auf Wirtschaftlichkeit, Nachhaltigkeit, Funktion, Konstruktion, Innovation und Bauverfahren.

Die Bearbeitung des Wettbewerbs erfolgte von August bis
Oktober 2010, worauf sich am 11. November 2010 die Preis-
gerichtssitzung am Regierungssitz von Oberfranken in Bayreuth
anschloss. Als Fachpreisrichter waren vertreten: Dr.-Ing. Heinz-
Hubert Benning für das Bundesministerium für Verkehr, Bau
und Stadtentwicklung, Ministerialrat Dipl.-Ing. Karl Goj für die
Oberste Baubehörde im Bayerischen Staatsministerium des
Innern, Dipl.-Ing. Arch. Marion Resch-Heckel, seinerzeit Abtei-
lungsdirektorin bei der Regierung von Oberfranken, Ltd. Baudirektor Dipl.-Ing. Bernhard Kraus, Regierung von Oberfranken,
Prof. Dipl.-Ing. Burkhard Pahl, Bayerische Architektenkammer,
Prof. Dr.-Ing. Michael Pötzl, Bayerische Ingenieurekammer-Bau.
Weiterhin wirkten vier Vertreter der Kommunalpolitik, der Landrat
des Landkreises Kulmbach Klaus Peter Söllner, der ehemalige
Bürgermeister Heinz Burges sowie zwei Gemeinderäte der Gemeinde Untersteinach als Sachpreisrichter an der Entscheidung
mit. Von den fünf Entwürfen wurden drei mit Preisen ausgezeichnet. Sie bildeten gleichzeitig die engere Wahl für das anschließende Verfahren und zeichneten sich durch gelungene Lösungs-
ansätze unter Berücksichtigung der für die Aufgabe definierten
Randbedingungen aus.

Der zweite Preis ging an das Bewerberteam Ingenieurgemein-
schaft Setzpfandt, Weimar, und PPL Architektur und Stadtplanung,
Hamburg: Die Schorgasttalquerung wurde hier als Balkenbrücke
mit sieben Feldern und einem zweistegigen Stahlverbundquer-
schnitt sowie v-förmigen Stützen ausgeführt. Die südliche Galerie-
wand wird aufgelöst und durch zwei v-förmige Stützen ersetzt.
Dadurch bietet sich dem Betrachter in gestalterischer Hinsicht
von Süden ein Bauwerk über zehn Felder. Den dritten Preis erhielt
das Ingenieurbüro Leonhardt, Andrä und Partner, Nürnberg:
Ihr Entwurf sah für die Talbrücke eine Stahl-Beton-Verbundbau-
weise mit einstegigem Stahlkasten vor, der sich den unterschiedlichen Anforderungen in Höhe und Breite anpasst. Die Untersicht
des Brückenüberbaus zeigt sich in Querrichtung waagerecht.

teams of civil engineers and architects under the leadership of
the civil engineers. The final round comprised five teams. As the
awarding authority, we expected the participants to submit well-
designed structures with solutions achieving an optimal combination of economy, sustainability, function, construction, innovation
and construction method.

The competition was held from August to October 2010, and
concluded with the jury meeting on 11 November 2010, which took
place at the seat of the government of Upper Franconia in Bayreuth.
The expert judges were: Dr.-Ing. Heinz-Hubert Benning for the
Federal Ministry of Transport, Building and Urban Development;
Dipl.-Ing. Karl Goj, Assistant Head of the Supreme Building
Authority in the Bavarian State Ministry of the Interior; Dipl.-Ing.
Arch. Marion Resch-Heckel, at the time Department Director at
the Government of Upper Franconia; Senior Building Director
Dipl.-Ing. Bernhard Kraus, Government of Upper Franconia;
Professor Dipl.-Ing. Burkhard Pahl, Bavarian Chamber of Architects;
and Professor Dr.-Ing. Michael Pötzl, Bavarian Chamber of Civil
Engineers. Additionally, four municipal representatives participated
in the decision as expert judges: the Kulmbach District Administrator, Klaus Peter Söllner, the former mayor Heinz Burges as well as
two councillors from Untersteinach municipality. Of the five designs
submitted, three were awarded prizes and put forward as a shortlist
for the concluding selection procedure. The three winning designs
are notable in that they achieve successful solutions to the architectural and engineering challenges while also giving consideration
to the specific boundary conditions.

Second prize went to a consortium consisting of Setzpfandt Con-
sulting Engineers, Weimar, and PPL Architektur und Stadtplanung,
Hamburg. Their proposal for a crossing of the Schorgasttal valley
was a girder bridge with seven spans and a double-webbed steel
composite cross section with V-shaped supports. The southern
gallery wall is opened up and replaced by two V-shaped supports
so that from the south, the viewer sees a continuous structure
spanning ten bays. Third prize was awarded to the engineering firm
Leonhardt, Andrä und Partner, Nuremberg: their design envisaged
a reinforced concrete composite structure for the viaduct, with a
single-girder steel box that adapts to the different height and width
requirements. The underside of the bridge superstructure appears
horizontal in the transverse direction.

Die 4,20 Kilometer lange neue Ortsumgehung
von Untersteinach (B 289) durchquert,
von Kulmbach kommend, in west-östlicher
Richtung das Schorgasttal. An ein Galeriebauwerk über die Bahnstrecke Bamberg–Hof
und die Brücke über das Schorgasttal schließt
sich unmittelbar ein fast 600 Meter langer und
mehr als 25 Meter tiefer Geländeeinschnitt an.
Die neue Verkehrsführung endet in einem
Straßenknoten, der auch einen neuen Anschluss an die B 303 darstellt.

The new 4.20-kilometre-long Untersteinach
bypass, part of the B 289 federal highway
coming from Kulmbach, crosses the Schorgasttal valley in a west-easterly direction.
The bridge and gallery structure over the
Bamberg–Hof railway line is immediately
followed by a 25-metre-deep cutting, some
600 metres long. The new traffic route ends
in an interchange connecting to the B 303.

Erläuterungen zum Siegerentwurf

Einstimmig wurde die Arbeitsgemeinschaft BPR Dr. Schäpertöns & Partner, München, SBR Schultz-Brauns & Reinhart Architekten, München, und SRP Schneider & Partner, Kronach, mit dem ersten Preis ausgezeichnet.

Als ein im Schorgasttal weithin sichtbares Zeichen besteht der Entwurf aus einem oben liegenden Tragwerk, das von sechs Pylonen mit je zehn Schrägkabeln bestimmt wird, und einem leichten Verbundquerschnitt mit torsionssteifem Stahlkasten als Brückenüberbau.

Das Preisgericht wertete die Wettbewerbsarbeit als selbstbewussten Auftritt in der Schorgasttalaue, der mit einer insgesamt harmonischen Einfügung in den sensiblen Landschaftsraum eine Synthese bildet. Die Lösung der Unterbauten zeugt von großer Transparenz, die der Überbauten von Signifikanz. Insgesamt ist der Entwurf ein überzeugender Beitrag zur Baukultur Bayerns und geprägt von Innovationswillen und gestalterischer Kraft.

Dem schlanken Überbau kommt aus gestalterischer Sicht eine besondere Bedeutung zu, da sich das Bauwerk in geringer Höhe über dem Tal befindet und so die optische Durchlässigkeit des Talraums gewährleistet. Bei einer Konstruktionshöhe von 1,80 Metern weist der Überbau eine Schlankheit von l/h = 37 auf. Das Tragsystem mit einseitiger Aufhängung an der Kurveninnenseite ist für Straßenbrücken äußerst ungewöhnlich.

Die Talbrücke passt sich harmonisch in die Landschaft ein und ist als Landmarke weithin sichtbar. Das Galeriebauwerk über die Bahnlinie gefällt durch seine offene Gestaltung mit größtmöglicher Transparenz.

Ausstellung

Zum Abschluss des Wettbewerbs wurden alle Wettbewerbsarbeiten öffentlich ausgestellt. Bei der Eröffnung der Ausstellung am 17. Dezember 2010 im Landratsamt Kulmbach waren auch die drei Preisgewinner des Wettbewerbs anwesend und stellten ihre Arbeiten vor. Der Erste Bürgermeister Untersteinachs Heinz Burges dankte hierbei für die Einbindung seiner Gemeinde in den Wettbewerb: „So konnten wir mitbestimmen und würden uns freuen, wenn der Siegerentwurf jetzt auch so realisiert werden könnte. Die tanzende Brücke hat auch den Vertretern aus Untersteinach am besten gefallen."

The Winning Design

First prize was unanimously awarded to the consortium of BPR Dr. Schäpertöns & Partner, Munich, SBR Schultz-Brauns & Reinhart Architekten, Munich, and SRP Schneider & Partner, Kronach.

The bridge is a landmark structure visible all across the Schorgasttal valley that comprises an overhead roadway flanked by six pylons, each with ten inclined cables, that support a lightweight composite cross section with a torsionally rigid steel box girder as the bridge superstructure.

The jury awarded the design first prize, praising it as a self-assured statement in the floodplain of the Schorgasttal valley that inserts itself harmoniously into a sensitive environment, thereby entering into a synthesis with the landscape. The design solution affords great transparency beneath the bridge, while making a dramatic architectural and structural statement above. Overall, the design is a convincing contribution to Bavaria's building culture, testifying to its innovative will and creative spirit.

The slender superstructure is of particular importance for the bridge's design because, as the entire structure passes through the valley at a low height, it ensures the valley space remains visually permeable. With a construction height of 1.80 metres, the superstructure has a slenderness ratio of l/h = 37. The chosen structural solution with one-sided suspension on the inside of the curve is extremely rare for road bridges.

The viaduct blends harmoniously into the landscape and is visible from afar as a landmark. The gallery structure over the railway line has a similarly open design that provides maximum possible transparency.

Exhibition

At the close of the competition, all entries were shown in an exhibition open to the public. The three prizewinners were present at the opening on 17 December 2010 in the offices of Kulmbach's District Administration and given the opportunity to present their designs. Untersteinach's Mayor, Heinz Burges, expressed thanks for the role that his community were able to play in the competition: "We were able to have a say and would be happy to see the winning design realized as designed. The dancing bridge was also the design that most appealed to the representatives from Untersteinach."

Fazit

Insgesamt wurden trotz des zusätzlichen Verwaltungs-, Kosten- und Zeitaufwands die Erwartungen an den Wettbewerb erfüllt. Es wurden fünf unterschiedliche Lösungen eingesandt, die im Vergleich zum Amtsentwurf viele kreative und innovative Ideen aufgezeigt haben. Das Interesse der Ingenieurbüros war ebenfalls sehr groß, da die Durchführung eines Wettbewerbs im Brückenbau eine gute Möglichkeit bietet, die Leistungen der Architekten und Bauingenieure in der Öffentlichkeit darzustellen und das Interesse an dem Projekt zu wecken. Nach Durchführung des VOF-Verhandlungsverfahrens im April 2011 wurde der Wettbewerbssieger mit der Erstellung des Bauwerksentwurfs beauftragt.

Bauvergabe und Bauzeit

Die Bauausführung erfolgte durch die ARGE Talbrücke Schorgast unter Führung der Firma Züblin AG aus Dresden. Der Bauauftrag wurde im September 2017 vergeben. Da die Ausführungsplanung zu diesem Zeitpunkt weit fortgeschritten war, konnte umgehend mit dem Bau von Galerie und Brücke begonnen werden. Die Bohrpfähle wurden von Februar bis Mai 2018 erstellt, Pfahlkopfriegel, Widerlager und Trennpfeiler der Talbrücke von April bis Juli 2018. Mit der Werksfertigung des Stahlbaus wurde im Frühjahr 2018 begonnen, die Montage startete ab dem Sommer 2018 und war im Sommer 2019 abgeschlossen. Die Seilfertigung dauerte ca. ein Jahr, und die anschließende Seilmontage erfolgte im Sommer und Herbst 2019. Ab dem Frühjahr 2020 wurde die Fahrbahnplatte erstellt.

Nach fünf Jahren Bauzeit konnte die Ortsumfahrung Untersteinach am 10. Dezember 2020 für den Verkehr freigegeben werden. Aufgrund der Corona-Pandemielage erfolgte die Verkehrsfreigabe ohne Schere, Band und Publikum. Im Jahr 2021 wurden noch notwendige Restarbeiten durchgeführt, im August erfolgte die offizielle Einweihung durch den Verkehrsminister der Bundesrepublik Deutschland und Vertreter des Freistaats Bayern sowie der Kommunen und der ehrwürdigen Geistlichkeit.

Conclusion

Overall, despite the additional administrative work, costs and time involved, the competition fulfilled its expectations. Five different design solutions were submitted, which, compared to the authority's own proposal, brought forth several creative and innovative ideas. The competition also proved appealing to engineering firms as an opportunity to publicize the work of architects and civil engineers and to generate interest in the project. After completion of the procurement procedure in April 2011, the competition winner was officially commissioned to prepare the structural design.

Construction Contracting and Construction Period

Construction was carried out by ARGE Talbrücke Schorgast consortium under the leadership of Züblin AG from Dresden. The construction contract was awarded in September 2017. As the execution planning was well advanced by that time, construction of the gallery and bridge could start immediately. The piles were bored from February to May 2018, and the pile heads, abutments and dividing piers of the viaduct from April to July 2018. Factory prefabrication of the steel structure began in spring 2018, and assembly started in summer 2018 and was completed in summer 2019. Cable fabrication took around a year with the subsequent mounting of the cables following in summer and autumn of 2019. In spring 2020, the roadway slab was constructed.

After a five-year construction period, the Untersteinach bypass was opened to traffic on 10 December 2020. Due to COVID-19 pandemic restrictions, the opening ceremony took place without scissors, ribbon or attendees. The final completion was undertaken in 2021, and in August, the bridge was officially inaugurated by the Minister of Transport of the Federal Republic of Germany, as well as by representatives of the Free State of Bavaria, the municipalities and the clergy.

ENTWURF UND KONSTRUKTION
DESIGN AND CONSTRUCTION

Idee, Entwurf und Modellierung der Schorgasttalbrücke
Idea, Design and Modelling of the Schorgasttal Bridge

Bernhard Schäpertöns

Als im Jahr 2010 der Wettbewerb für die Schorgasttalbrücke ausgelobt wurde, waren wir bei der heutigen BPR Dr. Schäpertöns Consult bereits leidenschaftliche Brückenplaner, aber unser Ingenieurbüro war noch zu jung, um über die vorgeschriebenen Referenzen zu verfügen. In der SRP Schneider & Partner aus Kronach fanden wir eine kompetente Partnerin mit der erforderlichen Referenzlage, die zudem örtliche Nähe zum Bauherrn und zum Bauvorhaben auszeichnete. In der Auslobung war zudem die Integration von Architekten in einer Arbeitsgemeinschaft gefordert. Es gelang uns, dafür die in der Gestaltung von Brücken erfahrenen Architekten Otto Schultz-Brauns und Armin Reinhart zu gewinnen. Damit war unser Wettbewerbsteam komplett.

Das Staatliche Bauamt Bayreuth hatte im Rahmen der Planfeststellung bereits einen Brückenentwurf vorgelegt: eine achtfeldrige Deckbrücke mit Plattenbalkenquerschnitt und Betonung der randnahen Schorgastquerung im siebten Feld mit einer größeren Stützweite und einer Voutung des Überbaus zu den angrenzenden Feldern. Und dann war für die Querung der Bahnstrecke am nordwestlichen Ende noch ein Galeriebauwerk vorzusehen.

Der Auslober erwartete sich von der einzureichenden Arbeit ein gut gestaltetes Bauwerk mit optimalen Lösungen in Bezug auf Wirtschaftlichkeit, Nachhaltigkeit, Funktion, Konstruktion, Innovation und Bauverfahren. Diese Kriterien sind sicherlich nicht alle mit derselben Wichtung zu erfüllen. Der Arbeitsgemeinschaft war schnell klar, dass die Aufgabe aus zwei fast unabhängig zu lösenden Teilen besteht: aus der Galerie zum einen und mit einem klaren Fokus auf die Talbrücke zum anderen. Und dass die Aufteilung des Talraums großzügiger und äquidistant mit kürzeren Randfeldern zu Trennpfeiler und Widerlager erfolgen müsste.

Innerhalb der Arbeitsgemeinschaft gab es zu Anfang konkurrierende Ideen. Die einen favorisierten ebenfalls eine Deckbrücke, vielleicht mit kompakterem Kastenquerschnitt auf Rundstützen oder, um die Überbauhöhe zu reduzieren, die Anordnung von V-Stützen in Längsrichtung. Wir von BPR strebten eine expressivere Lösung an. Aus den V-Stützen heraus hätten wir uns einen Bogen über der Fahrbahn im Flussfeld oder bei weiterer Reduzierung der Überbauhöhe additive Bögen für sämtliche Mittelfelder vorstellen können.

When the competition for the Schorgasttal Bridge was announced in 2010, we at what is now BPR Dr. Schäpertöns Consult were already passionate bridge planners, but our office was still too young to have corresponding project references. We were fortunate to find a competent partner in the office of SRP Schneider & Partner from Kronach, who not only possessed the requisite references but were also located near to both the client and the site of the project. The invitation to tender also required a collaboration between engineers and architects and we succeeded in winning over Otto Schultz-Brauns and Armin Reinhart, two architects experienced in the design of bridges, so that our competition team was complete.

During the Planning Approval phase, the State Building Authority in Bayreuth had had previously submitted a bridge design for an eight-span deck-bridge with downstand beam cross sections that crossed the Schorgast River in its seventh section with a larger span in order to emphasize that river crossing. Additionally, the main span deck comprised haunches to the neighbouring sections. Finally, a gallery structure was also envisaged that crossed the railway line at the bridge's north-westerly end.

The competition invited proposals for a well-designed structure which achieved an optimum balance between cost, sustainability, functionality, structure, innovation and construction technology – though it was clear that these criteria could not all be fulfilled to the same degree. Our design team quickly realized that the task could be divided into two largely independent parts: a gallery structure crossing the railway line, and a major bridge crossing the Schorgasttal Valley as the more prominent structure. A further insight that emerged from this first consideration of the task was that the spans across the valley could be spaced more generously so that they could be equidistant with shorter end spans between the final piers and abutments.

In the beginning our team came up with different, competing ideas. Some favoured a deck bridge, possibly with a more compact box section on circular columns or, to reduce the height of the superstructure, supported by an arrangement of V-shaped supports in the longitudinal direction. At BPR we explored a more expressive solution: for the section crossing the river, we proposed an arch rising from the V-shaped supports above the road, or alternatively a series of additive arches for all the central spans if the height of the superstructure would have to be reduced further.

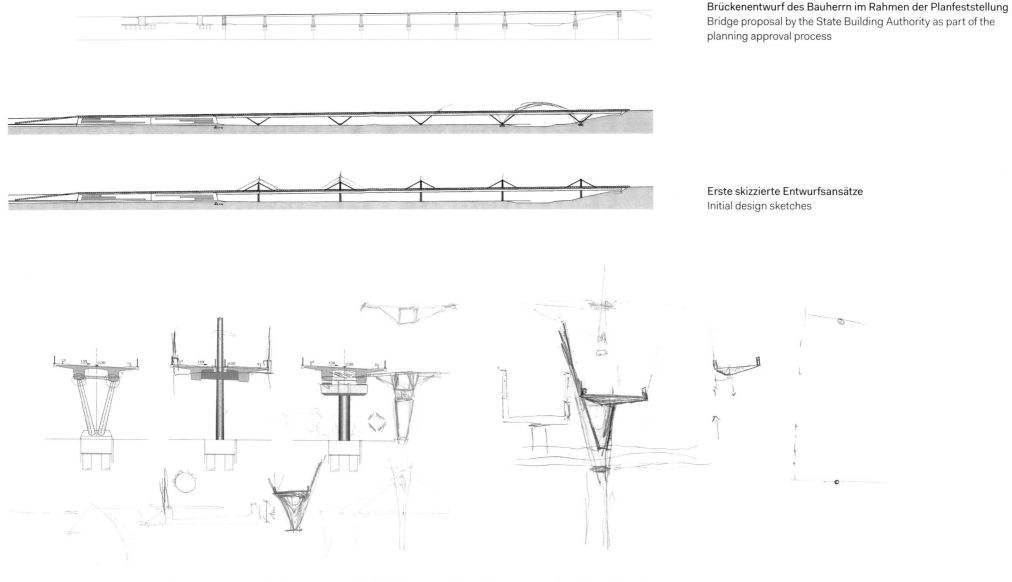

Brückenentwurf des Bauherrn im Rahmen der Planfeststellung
Bridge proposal by the State Building Authority as part of the planning approval process

Erste skizzierte Entwurfsansätze
Initial design sketches

Erste CAD-Entwürfe für den Brückenquerschnitt sowie die Bleistiftkorrektur durch Bernhard Schäpertöns. In der Handskizze lässt sich die Konstruktionsweise der späteren Brücke mit ihren v-förmigen Pfeilern, bestehend aus Pylon und Rundstütze, bereits eindeutig erkennen.

Initial CAD drawings of the bridge cross section with revisions in pencil by Bernhard Schäpertöns. The hand drawings already reveal the structural concept of the bridge's later design with its V-shaped piers comprised of a pylon and circular support.

Alternativ brachten wir zunächst noch eher konservativ mehrfeldrige Schräg-seillösungen ins Spiel, entweder mit einer Abhängung über zentrale Pylone in Fahrbahnmitte, ein Klein-Millau sozusagen, oder mit jeweils an beiden Seiten angeordneten Pylonen wie bei der Sunnibergbrücke von Christian Menn.

Bei der ersten Variante war die Trennung der Richtungsfahrbahnen unbefriedigend, bei der zweiten haben unsere Architekten zu Recht ange-merkt, dass die additiven Seilflächen zu beiden Seiten zu gestalterisch unbefriedigenden Seitenansichten führen, da die Brücke das Tal schräg und im Bogen quert.

Einigkeit herrschte im Team, dass wir nur mit einem sehr, sehr gut gestal-teten Bauwerk mit optimaler Funktion und Konstruktion sowie absoluter Innovation eine Aussicht auf einen Wettbewerbserfolg hätten. Diese Chance sahen wir mit den oben skizzierten Entwurfsansätzen nicht. Sie waren zu „statisch", es fehlte ihnen an Eleganz und Leichtigkeit.

Durch meine Idee, die Pylone seriell nur an der Bogeninnenseite anzuord-nen, die zentrale Symmetrieachse also durch den Ursprung des den Bogen aufspannenden Kreises zu legen und nicht mehr durch den Bogen des Über-baus selbst, entstand der Quantensprung, der – wenn man es messen will – bis zu zwei Zehnerpotenzen ausmacht. Der Brückenquerschnitt konnte nun asymmetrisch sein, stark, weil er enormer Torsion standhalten muss, leicht, weil er sich gepfeilt nach außen verjüngen kann. Assoziationen zur Kür der Spanischen Hofreitschule und den in Formation antretenden Tänzerinnen aus *Schwanensee* haben sich eingestellt.

Final sah unser Entwurf für die im Bogen liegende Trasse eine mehrfeldrige Schrägseilbrücke vor. Sechs an der Kurveninnenseite angeordnete und radial nach innen geneigte Pylone mit je zehn Schrägseilen tragen einen schlanken Stahlverbund-Längsträger mit torsionssteifem Kastenquerschnitt als Brückenüberbau.

Das Preisgericht wertete dies als selbstbewussten Auftritt in der Schorgastaue, der mit seiner insgesamt harmonischen Einfügung in den sensiblen Landschaftsraum eine Synthese bilde. Die Lösung der Unterbauten zeuge von großer Transparenz, die Lösung der Überbauten von Signifikanz. Insgesamt sei der Entwurf ein überzeugender Beitrag zur Baukultur und geprägt von Innovationswillen und gestalterischer Kraft.

Mit der Vergabe des ersten Preises hatte sich das Preisgericht bewusst für die aufwendigste Lösung entschieden.

A further variant, though more conservative, would have been a multi-span bridge with cable-stayed sections, suspended either from central pylons along the middle of the road – a kind of "Mini-Millau" in the style of Foster + Partners – or with pylons arranged on both sides as seen in Christian Menn's design of the Sunniberg Bridge. The first variant was deemed unsatisfactory due to its division of the traffic lanes, while the second, as our architects rightly noted, would produce inelegant views resulting from overlapping cable sections on either side as the bridge crosses the valley diagonally and in a sweeping curve.

For the team, it was clear that to have a chance of winning the competition we needed an outstanding design that united optimal function and construc-tion with absolute innovation. Our designs so far did not fulfill that promise: they were too "rigid" and lacked elegance and lightness.

My idea of arranging the pylons serially only along the inner side of the curv-ing bridge, i.e. of determining the central axis of symmetry through the centre of the circle spanning the arc and no longer through the curving path of the superstructure itself, was the breakthrough we needed – a quantum leap, as it were, of two orders of magnitude. This change made it possible for the bridge section to be asymmetrical, at once making it stronger to resist the extreme torsional forces but also lighter as it could taper at the outer rim. The design soon drew comparisons with the riders of the Viennese Spanish Riding School or the synchronized formations of ballet dancers in *Swan Lake*.

Our final design proposed a multi-span cable-stayed bridge crossing the valley in a curving arch. Six pylons were arranged along the inside edge of the curve and inclined radially inward. Each pylon had ten stay cables to support a slender composite steel girder with a torsionally stiff box section as the bridge superstructure.

In their synopsis, the jury praised the self-assured presence of the bridge across the Schorgasttal valley that through its poise enters into a harmonious synthesis with the sensitive landscape. The bridge's substructure affords the greatest possible transparency while the superstructure above asserts a significant presence. Overall, the design represents a worthy contribution to building culture that is both innovative in its concept and expressive in its design.

The jury awarded the design first prize expressly acknowledging that this was the most elaborate solution.

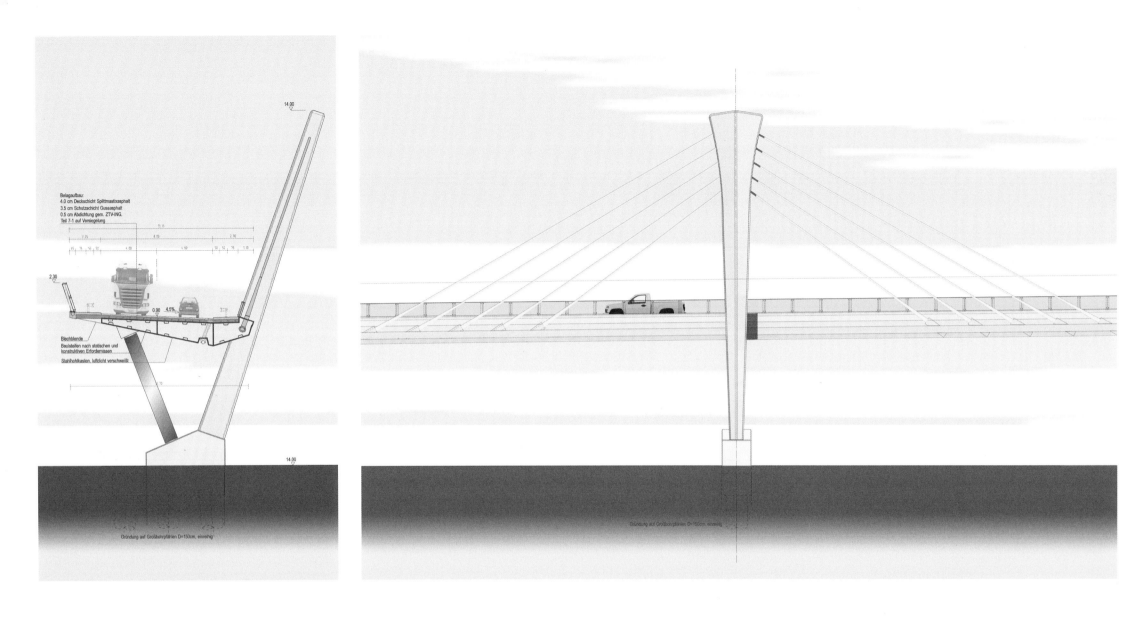

Belagaufbau:
4.0 cm Deckschicht Splittmastixasphalt
3.5 cm Schutzschicht Gussasphalt
0.5 cm Abdichtung gem. ZTV-ING.
Teil 7-1 auf Versiegelung

Blechblende
Beulsteifen nach statischen und
konstruktiven Erfordernissen
Stahlhohlkasten, luftdicht verschweißt

Gründung auf Großbohrpfählen D=150cm, einreihig

Gründung auf Großbohrpfählen D=150cm, einreihig

Brückenquerschnitt mit Pylon und Rundstütze
Bridge cross section with pylon and circular support

Ansicht des Pylons mit Seilfächer und Brückenüberbau
Elevation of a pylon showing the stay cables and bridge superstructure

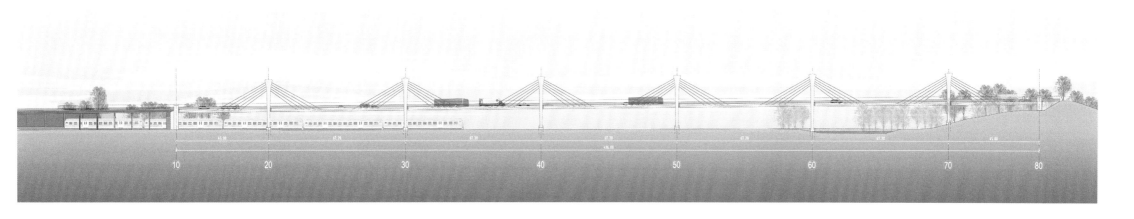

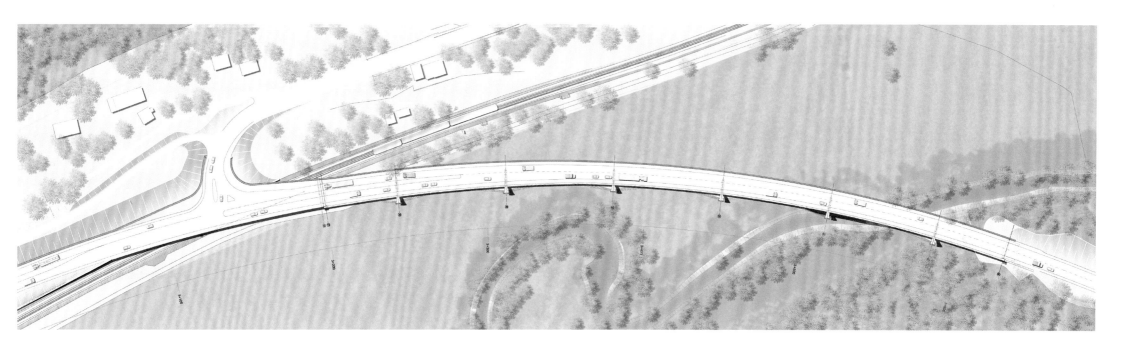

Ansicht und Grundriss | Elevation and plan

Visualisierungen der zukünftigen Schorgasttalbrücke
Für die Querung der B 289 durch das ökologisch sensible Schorgasttal nahe der Ortschaft Untersteinach lobte das Staatliche Bauamt Bayreuth 2010 einen Realisierungswettbewerb aus.

Visuals of the future Schorgasttal Bridge
In 2010, Bayreuth State Building Authority announced a competition for the design of a bridge to cross the ecologically sensitive Schorgasttal valley as part of the B 289 bypass around the village of Untersteinach.

Entwurf

Der Bauwerksentwurf stellt eine Weiterentwicklung des siegreichen Wettbewerbsbeitrags dar. Die Achse der Bundesstraße 289 liegt im Bauwerksbereich in einer Kurve mit einem Radius von 900 m. Kurz vor dem Bauwerksende beginnt eine Klothoide. Das Quergefälle beträgt 4,5 % nach innen fallend. Die Gradiente liegt im Bauwerksbereich in Richtung der Kilometrierung in einer konstanten Steigung von 1,0 %. Je Richtungsfahrbahn ist ein Fahrstreifen vorgesehen, das Brückenbauwerk hat im Regelbereich somit eine Fahrbahnbreite von 8 m. Zwischen Achse 50 und Achse 10 vergrößert sich die Fahrbahnbreite, um an der Anschlussstelle Untersteinach-West eine Rechtsabbiegespur aufnehmen zu können. Die Breite zwischen den Borden beträgt damit am Trennpfeiler Achse 10 rund 11,20 m.

Die Talbrücke wurde als schlankes, semiintegrales Bauwerk geplant. Es besteht aus dem Brückenüberbau, einer Stahl-Beton-Verbundkonstruktion, der an sechs einseitig angeordneten Pylonen mit zwei mal fünf vollverschlossenen Schrägseilen ø110 mm je Pylon angehängt ist. Die Pylone und Stützen sind mit dem Überbau monolithisch verbunden. Die Stützweiten wurden gegenüber der Bauwerksskizze der Planfeststellung verändert. Es wurden fünf gleichgroße Stützweiten von 67,20 m für die innen liegenden Felder und zwei Randfelder von 45 m Länge vorgesehen. Die Gesamtstützweite der Talbrücke beträgt somit 426 m. Der Überbau wurde in Verbundbauweise ausgeführt. Um eine einseitige Abhängung der Fahrbahn zur Kurveninnenseite zu ermöglichen, wählten wir als Querschnitt einen torsionssteifen, asymmetrischen Stahlkasten. Über dem maximal 1,60 m hohen Stahlkastenträger wurde eine 25 cm starke Fahrbahnplatte angeordnet. Die maximale Konstruktionshöhe beträgt somit rund 1,85 m. Mit den Stützweiten von 67,20 m ergibt sich ein Verhältnis von Stützweite zu Konstruktionshöhe l/h von 36,30 in den Mittelfeldern.

Die etwa 24 m hohen Pylone sind mit ca. 18° (3:1) zur Kurveninnenseite hin geneigt. In der Seitenansicht weiten sie sich über rund zwei Drittel der Höhe linear vom Fußpunkt bis unterhalb der Seilanschlagspunkte von 1,40 m bis 2 m auf. Im restlichen Drittel schließt sich tangential eine bogenförmige Aufweitung an. Der Pylon hat dadurch am Kopf die maximale Breite von 3,90 m. Durch einen abgeflachten sechseckigen Querschnitt zeichnet sich in der Seitenansicht mittig eine erkennbare Kante ab, die sich über die gesamte Höhe zieht. In der Ansicht längs zur Brücke verzieht sich der Pylon linear von 1,50 m Breite am Fußpunkt auf 1,05 m am Kopf.

Design

The final bridge design was developed from the initial proposal of the winning competition entry. At the site, the federal highway B 289 describes a curve with a radius of 900 m transitioning into a clothoid shortly before the end of the structure. The transverse gradient tilts inward at 4.5%, while in the longitudinal direction there is a constant gradient of 1.0% right across the site. The bridge has a single lane in each direction and therefore a standard width of 8 m, widening between axis 50 and 10 to accommodate a right-hand exit lane for the Untersteinach West turnoff. Therefore, the curb-to-curb width of the bridge pier comes to approx. 11.20 m at axis 10.

The bridge is designed as slender, semi-integral structure. Its superstructure consists of a steel-concrete composite structure suspended on one side from six pylons, each with two sets of five 110 mm diameter fully locked stay cables. The pylons and inclined supports are monolithically connected to the superstructure. The bridge spans differ slightly from the originally submitted design for planning approval: the final structure has five equal spans of 67.20 m for the inner spans and two 45 m end spans. In total, the overall length of the bridge comes to 426 m.

The superstructure is a composite structure: reflecting its one-sided suspension from the inner side of the curve, the cross section of the bridge superstructure is a torsionally stiff, asymmetrical steel box with a maximum construction height of 1.60 m. On top of the steel box girder is a 25 cm thick concrete slab, making a total construction height of approx. 1.85 m. This results in a span to construction height ratio l/h of 36.30 for the centrally located longer spans.

The approx. 24 m high pylons incline upwards towards the centre of the curving road at an angle of about 18° (3:1). Their front elevation (parallel to the road) widens at a constant rate of the first two thirds of the pylon height from 1.40 m at the base to about 2 m below the first cable anchorages, before arching out tangentially on either side over the remaining third to reach a maximum width of 3.90 m at the top. The pylons have a flattened hexagonal cross section in plan and the lateral points are visible as a rising edge right up to the pylon's very top. In the other axis (perpendicular to the road) the pylons grow linearly thinner, from 1.50 m at the base to 1.05 m at the top.

Der Stahlkasten des Fahrbahnträgers ist auf der einen Seite biegesteif am Pylon angeschlossen. Auf der anderen Seite stützt sich der Kasten auf eine 14° geneigte, runde Stahlstütze ab. Das Rohr besitzt einen Außendurchmesser von 1,20 m und teilt sich mit dem Pylon ein Fundament.

Die Seilanschlagspunkte sind in die Tragkonstruktion bzw. Spannnischen integriert und somit in den Ansichten verdeckt. Die Festanker der Seile sind jeweils am Pylonkopf angeordnet. Der Abstand der Seile untereinander beträgt am Pylonkopf 1 m; Am Überbau ist das erste Seil 15 m von der Pylonachse entfernt befestigt; der Abstand der restlichen Seile nebeneinander beträgt hier je 3 m.

Für die Abhängung wurden die als Regelbauweise bewährten vollverschlossenen Seile (VVS) verwendet. Die Seile wurden nach der Stahlbaumontage eingebaut und vorgespannt. Damit wird ein Seildurchhang oder Seilausfall in ungünstigen Lastsituationen vermieden. Das gesamte Tragwerk ist für den Ausfall beziehungsweise den Wechsel eines Seils unter vollem Verkehr ausgelegt.

Die Galerie über die Eisenbahngleise der DB wurde als vollintegrales Bauwerk errichtet. Das Widerlager Kulmbach wird dabei sehr steif ausgebildet, während die Stahlverbundstützen und der Trennpfeiler nachgiebig ausgebildet wurden. Die schlaff bewehrte Platte ist 1,15 m dick. Die Kragarmlängen betragen beidseits 2,80 m (inklusive der Brückenkappen). Die Dicke am Anschnitt beträgt 45 cm und am Außenrand 28 cm. Die große Wandansichtsfläche des Widerlagers wird in Kassetten unterteilt. Die fünf parallel zur Bahnlinie angeordneten Rundstützen mit einem Durchmesser von 60 cm sind mit dem Überbau der Galerie und den Pfahlkopfplatten mittels Gewindestäben verbunden. Aufgrund der Anpralllasten wurden diese Stützen im Inneren mit einbetonierten HEM-Trägern verstärkt und können im Havariefall ausgetauscht werden.

Die Galerie und die Talbrücke wurden auf Großbohrpfählen tief gegründet. Die Bohrpfähle haben einen Durchmesser von 150 cm. Bei der Talbrücke wurden je Bauwerksachse drei Bohrpfähle vorgesehen. Am Widerlager Achse 80 wurde die Anzahl auf sieben Pfähle erhöht. In den ersten Bauwerksachsen 20, 30 und 40 wurden erforderliche Pfahllängen von 24,50 m bis 33,50 m ermittelt. In den Bauwerksachsen 50, 60 und 70 mussten die Pfähle auf den zum Teil sehr tief liegenden Felshorizont abgeteuft werden. Die erforderlichen Pfahllängen betragen hier von 37,50 m bis zu 54 m. Die Pfähle am Widerlager Achse 80 sind rund 25 m lang. Hier musste der Festgesteinshorizont nicht erreicht werden.

The steel box girder of the superstructure is rigidly connected to the pylon on one side, and on the other, it rests on a steel support with a 14° incline in the reverse direction. The hollow circular support has a diameter of 1.20 m and is rigidly anchored to the same foundation as the pylon.

The cable anchorages are integrated into the superstructure at stressing chambers which hide them from view in elevation. The fixed anchorages are located at the pylon heads. The distance between cable anchorages measures 1 m each at the pylon head; at the deck the first cable is located at 15 m from the pylon axis; the spacing of the remaining cables measures 3 m each.

For the suspension we chose fully locked coil cables which are now a standard and well-proven solution for this kind of bridge design. The cables were installed and tensioned after the steel construction had been erected. This has the benefit of preventing cable sag or failure under unfavourable load conditions. Finally, the entire supporting structure is dimensioned to accommodate failure or replacement of a cable under full traffic load.

The gallery crossing the railway line was designed and built as a fully integral structure. The abutment on the Kulmbach side is rigid, while the five steel composite columns and the bridge piers are flexible. The untensioned reinforced concrete slab is 1.15 m thick and cantilevers 2.80 m on both sides (including the bridge canopies), with thicknesses varying from 45 cm at the start of the canopy to 28 cm at the outer edge. The large wall face of the abutment is divided into coffered sections while the five 60 cm diameter circular steel columns on the opposite side parallel to the railway line are connected to the superstructure and pile caps by means of threaded rods. To resist impact loads, these columns are built as cast-in wide-flange HEM-steel sections. They can be replaced in the event of an accident.

Both the gallery and the bridge construction rest on large diameter pile foundations. The bored piles have a diameter of 150 cm and there are three per grid line, increasing up to seven at the abutment axis 80. The piles are sunk to a depth of between 24.50 m and 33.50 m in the axes 20, 30 and 40. In the axes 50, 60 and 70 the piles had to be sunk much deeper to rest on the bedrock horizon, and extend down as far as 37.50 m up to 54 m. At abutment axis 80, the piles did not need to extend to the bedrock horizon and are therefore only 25 m deep.

Bei der Talbrücke wurde an beiden Endauflagern je ein querfestes Kalotten-gleitlager vorgesehen. Das zweite Lager je Brückenende ist eine Pendel-stütze, da hier erhebliche abhebende Kräfte auftreten. Ein Pendel-Austausch unter Betrieb ist eingeplant, und die Pendellänge wurde so bestimmt, dass Vertikalverformungen an der Fahrbahnübergangskonstruktion vernach-lässigbar sind. Bei beiden Endauflagern der Talbrücke wurden mehrprofilige Fahrbahnübergangskonstruktionen mit 380 bzw. 475 Millimetern Gesamt-dehnweg vorgesehen. Bei der Galerie entfallen Lager aufgrund der Aus-bildung als integrales Bauwerk. Am Bauwerksende baute man hier einen Fahrbahnübergang aus Asphalt ein, um eine schadlose Aufnahme der kleinen Bewegungen zu gewährleisten.

Statische Modellierung

Für das statische Globalmodell wurde ein reines Stabwerk verwendet. Zum Abgleich wurde das Tragwerk zusätzlich mit einem Faltwerk für den Überbau abgebildet. Auf Basis von Einzellastfällen und Kombinationen wurden die Ergebnisse der unterschiedlichen Systeme hinsichtlich Ver-formungen, Schnittgrößen, Seilkräften und Spannungen im Hauptträger verglichen. Außerhalb der Diskontinuitätsbereiche, wie z. B. Querträger, Seilanschlag und Entwässerungsöffnung, waren die Übereinstimmungen gut. Mit den Verformungsergebnissen des Faltwerks konnten die Steifig-keiten des globalen Stabwerkmodells kalibriert werden. Die Spannungen im Überbauträger stimmen gut überein, wenn beim Stabwerk die Wölbkraft-torsion berücksichtigt wird.

Für die vom globalen Stabwerksmodell nicht erfassten Diskontinuitäts-bereiche wurden räumliche Submodelle als Faltwerke erstellt. Querschotte, die Seileinleitungsbereiche an Überbau und Pylon, Aussparungen im Überbau für die Entwässerung, Querträger bzw. Quersystem sowie die Pfahlkopfbalken wurden gesondert betrachtet.

Nach Herstellung der Unterbauten wurden Stützen, Überbau und Pylone feldweise montiert. Anschließend wurden die Seile eingezogen, vorge-spannt und später wurde die Fahrbahnplatte im Pilgerschrittverfahren hergestellt. Der Bauablauf hat Einfluss auf die Verteilung und Beträge der Zustandsgrößen, auch im Endzustand. Weiter mussten Zwischenzustände zur Vorhersage der Verformungen in den Bauzuständen und Festlegung einer Überhöhung betrachtet werden.

At each end of the bridge where it meets the abutments is laterally constrained sliding spherical bearing. The second bearing at each end of the bridge is a pinned column due to the considerable upward forces that occur at these points. If necessary, this hinged support can be replaced while the bridge is in use. Its length is dimensioned to minimize vertical deformations at the road expansion joints. Each end support has a modular expansion joint with expan-sion paths of 380 and 475 millimetres, respectively. The gallery on the other side has no bearings due to its design as a fully integral structure. Here only an asphalt expansion joint absorbs any small movements without damaging the structure.

Structural Modelling

A three-dimensional beam model was used for the global structural model. For calibration, the structural system was additionally modelled with a folded plate model for the superstructure. Using single load cases and combinations, the results of the different systems were compared with respect to their deformation, internal forces, cable forces and stresses in the main girders. Beyond regions of discontinuity, such as at the transverse beams, cable ends and drainage openings, satisfying conformity was found. The deformation results for the folded plate model could be used to calibrate the stiffness of the global framework model. Moreover, the stresses in the longitudinal girders were balanced when warping torsion was taken into account.

As the global framework model could not cover all regions of discontinuity, we created spatial sub-models in the form of folded plate structures. Key areas were examined separately: for example, the transverse diaphragms, the cable anchorage points on the superstructure and pylon recesses in the super-structure for drainage, the cross beams and transverse beams as well as the pile cap beams.

Once the substructure had been built, the assembly of the supports, pylons and superstructure went ahead span by span. Then the cables were installed and stressed, followed by the casting of the deck slab using the so-called pilgrim step method. The construction sequence has implications for the distribution and magnitude of stresses and deformations, even those in the final state. Intermediate construction stages also had to be considered to predict deformations during the respective construction phases and determine corresponding precamber values.

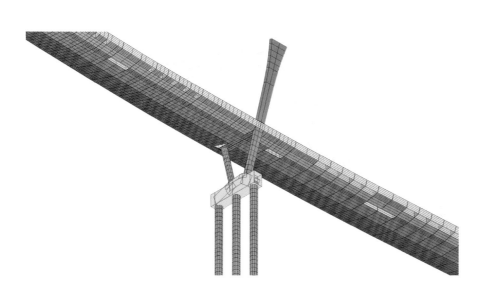

Untersicht globales Faltwerksmodell,
inklusive aller Öffnungen

Underside of the global folded plate model,
including all openings

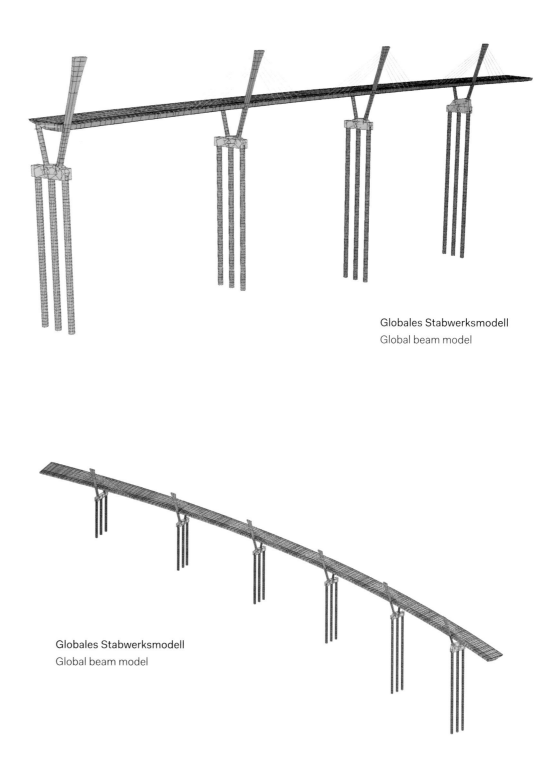

Globales Stabwerksmodell
Global beam model

Globales Stabwerksmodell
Global beam model

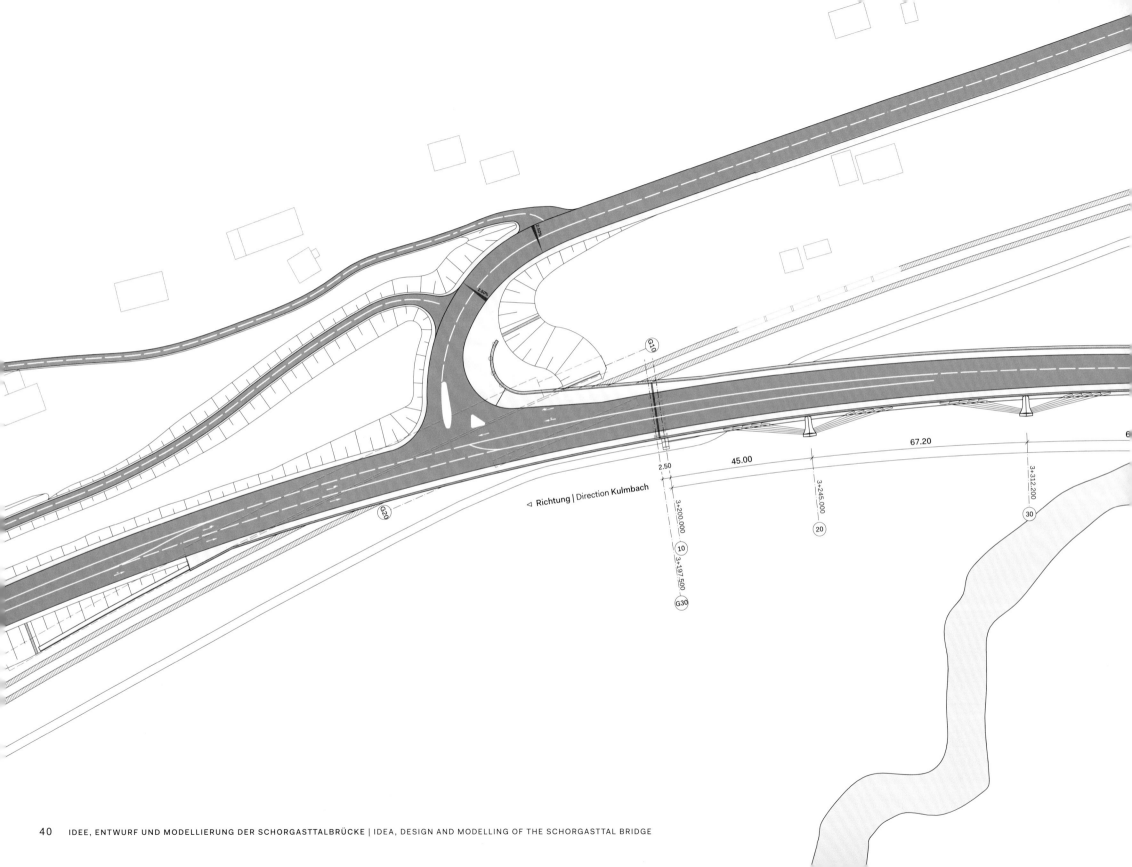

◁ Richtung | Direction Kulmbach

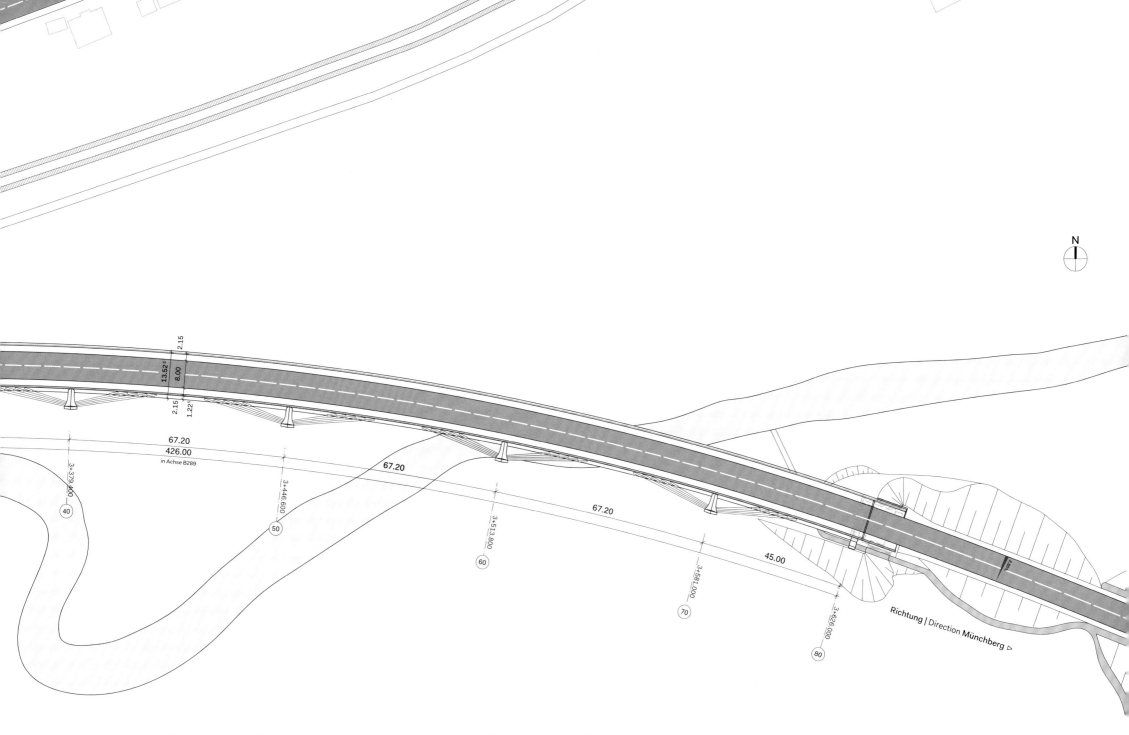

N

2.15

13.52^s
8.00

2.15
1.22^s

67.20
426.00
in Achse B289

67.20

67.20

45.00

3+379.400
40

3+446.600
50

3+513.800
60

3+581.000
70

3+626.000
80

Richtung | Direction Münchberg ▷

Grundriss der 426 Meter langen Talbrücke

Neben den beiden Straßenführungen von Untersteinach aus ist die
ca. 140 Meter lange Galerie über die zweigleisige Bahnstrecke Bamberg–
Hof inklusive der Ortsabzweigung nach Untersteinach dargestellt. Galerie und
Brücke zusammen folgen einer Kurve mit einem Radius von 900 Metern.

Ground plan of the 426-metre-long viaduct

In addition to the road heading west out of Untersteinach, the plan also
shows the 140-metre-long gallery over the twin tracks of the Bamberg–
Hof railway line, and the junction to Untersteinach. The gallery and bridge
follow a curve with a radius of 900 metres.

0   10   25   50 m

Ansicht Brücke und Galerie | Elevation of bridge and gallery

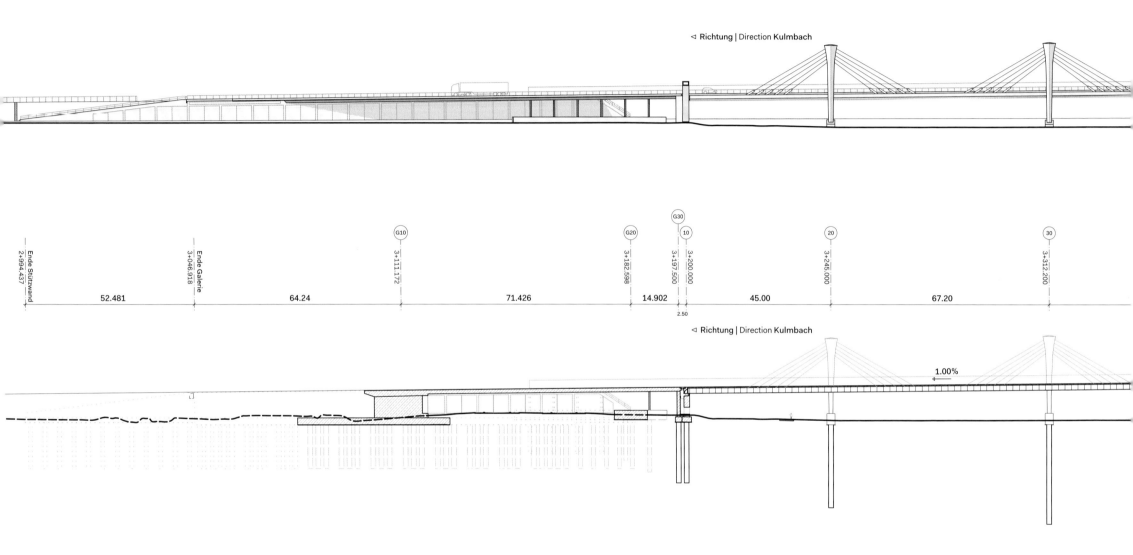

◁ Richtung | Direction **Kulmbach**

◁ Richtung | Direction **Kulmbach**

Ende Stützwand
2+994.437

Ende Galerie
3+046.918

(G10)
3+111.172

(G20)
3+182.598

(G30)
(10)
3+197.500
3+200.000

(20)
3+245.000

(30)
3+312.200

52.481   64.24   71.426   14.902   45.00   67.20

2.50

1.00%

Längsschnitt Brücke und Galerie

Das 566 Meter lange Bauwerk besteht aus einer Galerie und einer mehrfeldrigen Schrägseilbrücke, die auf sechs Pylonen und Rundstützen in geringer Höhe das Schorgasttal quert. Die bis zu 54 Meter langen Bohrpfähle in den Achsen 10 bis 80 sind gleichfalls dargestellt.

Longitudinal section of bridge and gallery

The 566-metre-long structure consists of a gallery structure and a multi-span cable-stayed bridge crossing the Schorgasttal valley on six pylons and circular supports at a low height. Also visible are the bored piles at axes 10 to 80, which reach a depth of up to 54 metres.

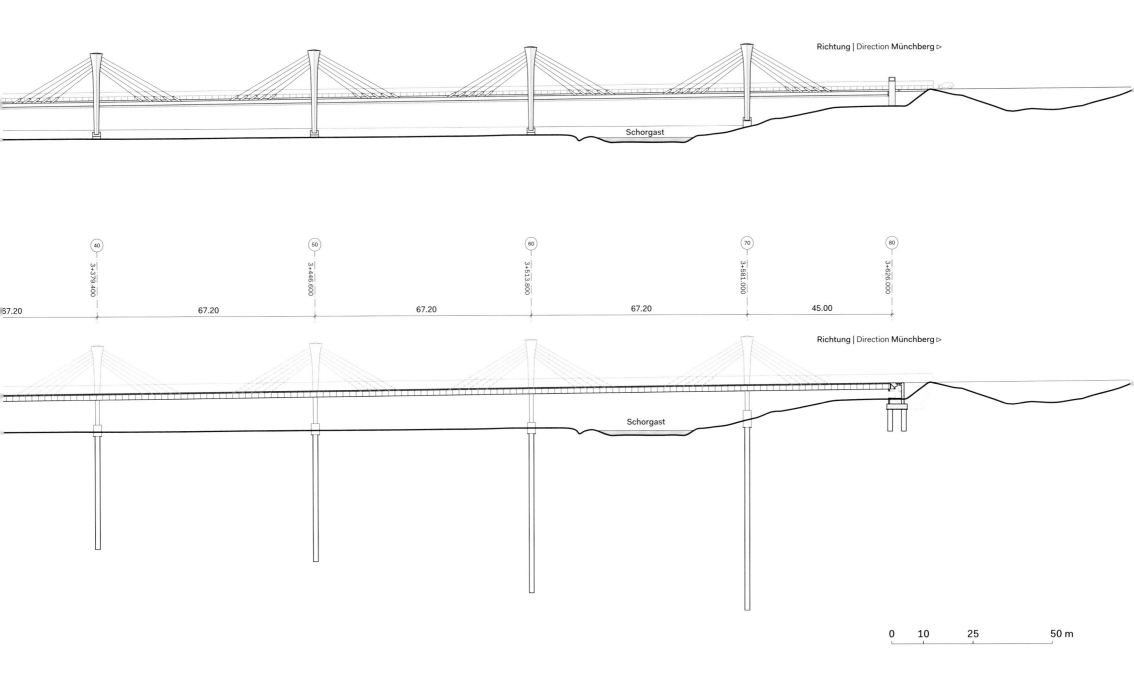

Richtung | Direction Münchberg ▷

Schorgast

40	50	60	70	80
3+379.400	3+446.600	3+513.800	3+581.000	3+626.000

67.20   67.20   67.20   67.20   45.00

Richtung | Direction Münchberg ▷

Schorgast

0   10   25   50 m

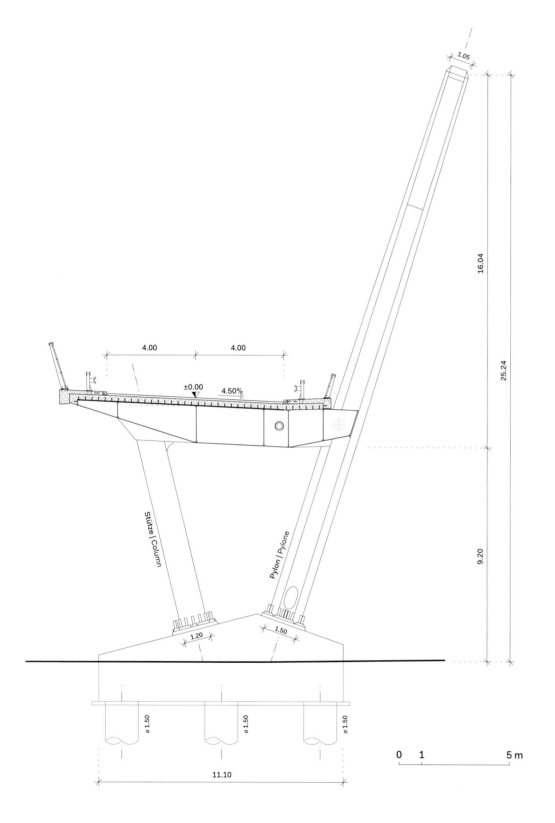

Entwicklung Pylon, Regelansicht

V-förmiger Pfeiler im Querschnitt. Es ist gut zu erkennen, wie Querträger, Stütze und Pylon zusammenwirken. Ebenso ist die Öffnung für die zukünftige Brückenentwässerung erkennbar.

Sectional elevation at a pier

Side view of typical V-arrangement. The constellation of cross beam, column and pylon is clearly visible, along with the opening for the surface water drainage pipe.

Hierfür wurden insgesamt 82 Bauphasen als unterschiedliche statische Systeme berücksichtigt. Im Einzelnen waren das neun Stahlbauabschnitte, Einbau und Spannen der 60 Seile sowie 13 Betonierabschnitte der Fahrbahnplatte.

Mithilfe der Bauphasenmodellierung wurden für die Kontrolle der Bauausführung am Überbau an 212 Stationen für je drei Punkte in Querrichtung und zusätzlich für fünf Punkte an den sechs Quersystemen (Achsen 20 bis 70) Verformungswerte angegeben. Dies führt mit 82 Bauphasen zu über 365.000 Einzelergebnissen, die übersichtlich in Tabellen und Diagrammen an die ausführende Firma übergeben wurden.

Die Seile werden nach der Stahlbaumontage auf ihre Sollkräfte vorgespannt. Damit werden Seildurchhang oder schlaffe Seile in ungünstigen Lastsituationen vermieden. Weiter sind die Vorspannkräfte so bemessen, dass sich im Endzustand ausgeglichene Biegemomente im Überbau und in den Pylonen sowie eine gleichmäßige Verteilung der Seilkräfte ergeben. Die Seile tragen ein Teil des Eigengewichts des Überbaus und beteiligen sich am Abtrag des symmetrischen Verkehrslastanteils.

Statische Analyse der Querträger und Querrahmensysteme (Andreas Näßl)

Der Fahrbahnlängsträger ist in den Pylonachsen auf Querträgern aufgelagert, die mit den außen liegenden Rohrstützen und den Pylonen ein Rahmensystem in Querrichtung bilden. Die Querträger sind dabei vollständig in den Fahrbahnträger integriert. Sie sind als zweistegige Kastenquerschnitte konzipiert, deren Gurte mit den längs laufenden Ober- und Untergurtblechen des Fahrbahnträgers höhengleich sind. Die Stege des Längsträgers kreuzen und laufen durch. Die beiden Stützen der Querrahmensysteme gründen biegesteif verankert auf einem massiven Pfahlkopfbalken, der jeweils drei Bohrpfähle pro Achse zusammenfasst.

Aufgrund des in den Fahrbahnträger integrierten Rahmentragwerks unterliegt die Querträger-Baugruppe einer komplexen Überlagerung von Spannungen aus globaler Tragwirkung und lokalen Spannungen im Bereich der Anschlusskonstruktionen der Rohrstütze und des Pylons.

A total of 82 construction phases were modelled as different structural systems. These include nine steel construction phases, the installation and tensioning of the 60 cables as well as 13 concrete casting stages for the deck slab.

With the help of construction phase modelling, we determined deformation values for 212 stations with three points each in the transverse direction and five further points at the six transverse frame systems (axes 20 to 70). These could then be used to monitor the actual construction work on the superstructure. With regard to the 82 construction phases this resulted in a total of over 365,000 single readings, all presented and prepared for the contractor in tables and diagrams.

The cables were tensioned to their nominal force once the steel structure had been installed. This avoided cable sagging or slack in unfavourable load situations. The tensioning forces were determined in such a way that when construction was completed, they balanced out bending moments in the superstructure and the pylons as well as the final cable forces themselves. The cables bear a portion of the self-weight of the superstructure and contribute to the symmetrical transfer of traffic loads.

Structural Analysis of the Cross Beams and Transverse Frame Systems (Andreas Näßl)

The longitudinal girder is supported by cross beams in the pylon axes that, together with the circular supports and pylon base, form the transverse frame systems. The cross beams are fully integrated into the longitudinal girder and are designed as double web-box sections whose flanges match the height of the upper and lower flanges of the longitudinal beams. The webs of the longitudinal girder cross and pass through the cross beams. The two supports of each transverse frame are rigidly anchored to a solid concrete pile cap beam that rests on three piles per axis.

Due to the overlap of the frame systems with the longitudinal girder, the cross beam assembly was subject to a complex superposition of stresses stemming from the global structural system as well as local stresses where they connect to the circular supports and pylons.

Die Beanspruchungen sind insbesondere:

- Normalspannungen σ_x aus Stützmoment des Längsträgers sowie zugehörigen Querkraftschubspannungen

- Torsionsschubspannungen und Normalspannungen aus Wölbkrafttorsion des Längsträgers (mehrzelliger Querschnitt, Torsionslagerung am Quersystem)

- quer dazu Normalspannungen σ_y infolge Feldmoment und Rahmeneckmomenten des Querträgers sowie zugehörigen Querkraftschubspannungen

- Torsionsschubspannungen des Querträgers (geschlossener Querschnitt, infolge einseitiger Belastungen des Hauptträgers bzw. Längenänderung in Längsrichtung)

- zusätzliche lokale Spannungszustände im Bereich der Rohrstütze und des Pylons

Elementare Nachweise auf Basis der Schnittgrößen des Stabwerks-Global-modells der Brücke können hier, auch vor dem Hintergrund der zahlreichen zu untersuchenden Lastfall-Kombinationen, nicht mehr sinnvoll geführt werden. Die Nachweise des gesamten Quersystems erfolgen daher an einem separaten räumlichen Finite-Element-Schalen-Modell eines aus dem Gesamtsystem herausgelösten Querrahmens. Maßgebend werden dabei die äußersten Querträger, insbesondere Achse 20 mit der größten Spann-weite im Aufweitungsbereich. Folgende Bauteile werden berücksichtigt: Querträger, Rohrstütze, Pylon-Kastenstütze (bis OK Fahrbahn).

   Ganz wesentlich ist, dass das FE-Submodell hinsichtlich Steifigkeit und Verformungsverhalten dem korrespondierenden Querträger im Globalmodell entsprechen muss. Dazu sind insbesondere korrekte Lagerungsbedingungen für das Subsystem sicherzustellen. Da das Verformungsverhalten des Pfahl-kopfbalkens auf elastisch gebetteten Pfählen durch gekoppelte Freiheits-grade gekennzeichnet ist (Einheitsverschiebungen am Pfahlkopfbalken be-dingen auch Verdrehungen und vice versa), wurde die Gründungssteifigkeit

These stresses include:

- Normal stresses σ_x resulting from the hogging moment of the longitudinal girder as well as associated transverse shear stresses.

- Torsional shear stresses and normal stresses resulting from warping torsion of the longitudinal girder (multicell cross section, torsional restraint at the transverse frame system).

- Transverse normal stresses σ_y resulting from sagging moments and frame moments of the cross beam as well as associated transverse shear stresses.

- Torsional shear stresses of the cross beam (closed cross section, due to unilateral loading of the main girder or changes in length in the longitudinal direction).

- Additional local stress conditions in the regions where the beam connects to the circular supports and the pylon.

Given the numerous load case combinations that needed to be investigated, it was not feasible to conduct elementary analyses based on the internal forces of the global framework model. Instead, the structural analysis of all transverse elements was undertaken using a spatial finite-element shell model of a single transverse frame assembly isolated from the overall system. Here, the outermost transverse axes with the widest span, especially axis 20 where the roadway widens, were of particular relevance. The modeled assembly included the cross beam, circular support and box-section base of the pylons (up to the top surface of the road).

   In the finite element (FE) sub-model, it was essential that all stiffness and deformation characteristics of the modeled elements corresponded to those in the global model. This applied especially to ensuring the correct bearing conditions for the subsystem. As the deformation behaviour of the pile cap beam resting on elastically bedded piles is characterized by coupled degrees of freedom (i.e. unit displacements at the pile head beam also cause rotation and vice versa), the stiffness of the pile foundation was statically condensed

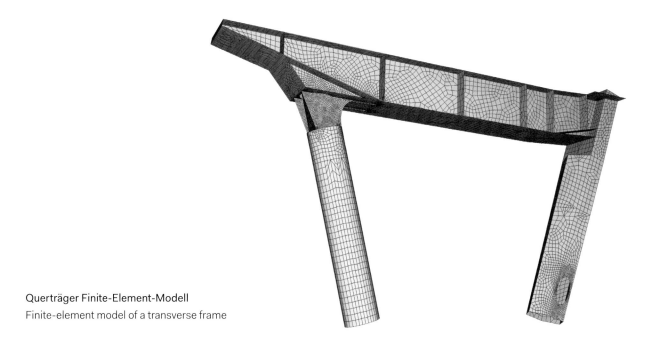

Querträger Finite-Element-Modell
Finite-element model of a transverse frame

des Pfahlfundaments in einem kennzeichnenden Punkt statisch konden- siert (Annahme: Pfahlkopfbalken selbst ist starr) und durch eine voll besetzte Flexibilitätsmatrix beschrieben. Eine komplette Modellierung der Pfahlgründung wurde bewusst vermieden, um den Speicherplatz und Rechenzeit zu reduzieren.

Die Belastung des FE-QT-Modells erfolgt an den jeweiligen Schnittufern (Querträger-Anschnitt links, Anschnitt rechts, Anschnitt Pylon an OK Fahrbahn) mit Schnittgrößen aus allen Einzellastfällen des Stabwerks- Globalmodells an den jeweiligen Stellen.

Das Aufbringen der Schnittgrößen auf das FE-Modell wird über Einheits- spannungszustände des Hauptträger-Querschnitts nach Stabtheorie für alle sieben Schnittgrößen (N, V_y, V_z, M_t, M_x, M_y, M_b) realisiert (d. h. mit Berücksichtigung von Wölbkrafttorsion).

Die Einheitsspannungen werden anschließend als Linienlasten ins FE-Modell übernommen und an den Schnitträndern aufgebracht (links und rechts vom Querträger). Gleiches erfolgt auch am Pylon-Anschnitt (Oberkante Fahrbahn).

in a corresponding node (under the assumption that the pile cap beam itself is rigid) and described by a fully occupied flexibility matrix. This obviated the need to completely model the pile foundation in order to reduce model size and improve computing time.

Loads were applied to the FE model of the transverse frame systems at the respective model interfaces (cross beam left and right, pylon at the height of the top road) using internal forces derived from all the individual load cases of the global beam model at the respective locations.

Internal forces were applied to the FE model using unit stress states for the main beam cross section (as per beam theory) for all seven internal forces (N, V_y, V_z, M_t, M_x, M_y, M_b), i.e. taking into account warp torsion.

The unit stresses were then transferred to the FE model as line loads and applied to the interfaces at the left and right of the cross beam and the pylon at the top of the road.

Insgesamt sind je Einzellastfall Einwirkungen aus drei Schnittgrößensätzen mit je sieben Werten auf das FE-Modell aufzubringen. Die Berechnung der Einzellastfälle am QT-Submodell erfolgt durch Superposition entsprechend skalierter Einheitslastfälle, die mittels lastfallweisem Auslesen der Schnittgrößensätze an den betrachteten QT-Schnittufern aus dem Globalsystem generiert werden. Alle Einzellastfälle (n = 1370 Einzellastfälle) des Globalsystems werden somit simultan auch am FE-Submodell berechnet.

Die Bemessungsspannungen werden analog zum Vorgehen am Globalsystem mit den entsprechenden Kombinationsvorschriften für den GZT und GZG unter Berücksichtigung der Kombinationsbeiwerte und Teilsicherheitsfaktoren überlagert (identische Kombinationsvorschriften und Systematik wie im Globalsystem).

Mithilfe des FE-Modells wurde die Querträgerbaugruppe dimensioniert und im GZT, GZG und auf Ermüdung nachgewiesen. Maßgebend wurde dabei im GZG die geforderte Begrenzung der Spannungen kleiner als die Fließgrenze f_y. Die kritischen Nachweisorte liegen im Bereich des Mannlochs (Pylon), im Knotenpunkt der Rohrstütze und im Bereich der elliptisch ausgerundeten Knotenbleche. Die Form, Lage und Radienverhältnisse der elliptischen Ausrundung sind dabei Resultat umfangreicher Optimierungen, um in diesem Bereich im Gebrauchszustand das Kriterium elastischer Spannungsbegrenzung einzuhalten.

Ferner wurden mithilfe des FE-Modells die Spannungsschwingbreiten für die Ermüdungsnachweise der Schweißnähte ermittelt. Aufgrund der im vorliegenden Fall praktisch überall vorhandenen Interaktion von Schub- und Normalspannungen mussten einander zugeordnete Spannungsschwingbreiten für Schub- und Normalspannungen ermittelt werden, um ggf. die Interaktion beim Ermüdungsnachweis gemäß DIN EN 1993-1-9 berücksichtigen zu können.

Der programmiertechnische Aufwand für das o. g. Vorgehen ist einerseits erheblich, bietet aber in der Praxis den wesentlichen Vorteil, dass am Ende alle Ergebnisse für alle Strukturpunkte durchgängig vorliegen („Datenbank"). Für genauere Nachweise und Optimierungen mit Interaktion verschiedener Beanspruchungen (z. B. bei Schweißnähten) können immer zugeordnete Bemessungsspannungen und Schnittgrößen angegeben werden. Dies hat sich z. B. bei der Beurteilung zahlreicher Schweißnahtdetails im Zuge der Ausführungsplanung als sehr nützlich erwiesen. Mit einem einfacheren Modell hätten viele Fragestellungen nur sehr eingeschränkt beurteilt werden können.

In total, actions from three sets of internal forces with seven values each were applied to the FE model for each individual load case. Calculation of the individual load cases at the transverse frame sub-model was achieved by superimposing correspondingly scaled unit load cases, extracted using load-case-specific determination of sets of internal forces at the relevant interfaces to the transverse frames in the global system. This made it possible to simultaneously apply all the individual load cases (n = 1370 individual load cases) from the global system to the FE sub-model.

Using this same basic approach, the design stresses were superimposed with the corresponding combination rules for Ultimate Limit State (ULS) and Serviceability Limit State (SLS), taking into account combination coefficients and partial safety factors (using identical combination rules and system to those in the global system).

Using the FE model, the transverse frame assembly could then be dimensioned and verified for compliance with ULS and SLS as well as for fatigue. A key aspect for SLS was the need to ensure stresses remain beneath the yield limit f_y. Critical areas included the manhole for the pylon, the nodal point at the junction with the supports and those around the elliptical gusset plates. The shape, position and radius ratios of these elliptical plates are the result of extensive optimization to ensure they comply with the required serviceability state elastic limits.

In addition, stress ranges for the fatigue checks of the welds were determined with the help of the FE model. Due to the interaction of shear and normal stresses in almost all parts of the structure, corresponding stress ranges for applied shear and normal stresses had to be determined in order to be able to take their possible interactions into account in the fatigue check according to DIN EN 1993-1-9.

The programming required for the procedure outlined here is considerable. However, it has the significant advantage in practice that complete sets of results are available for all the structural points in a single database. This makes it possible to specify applied design stresses and internal forces for more precise verification requirements or the interaction of different stresses (such as for the weld seams). With a much simpler model, many aspects could only have been assessed to a very limited degree.

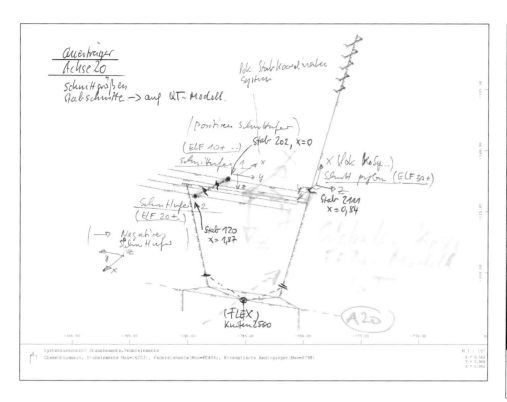

Schnittstellen Globalmodell / FE-Querträger-Modell, Schnittufer
Model interfaces between the global model and FE model of transverse frame

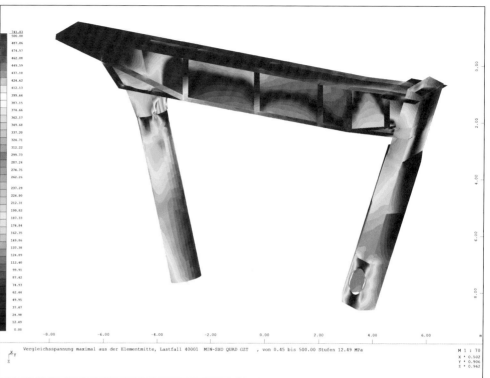

Querträger, Vergleichsspannungen (GZG)
Transverse frame, stress intensities (SLS)

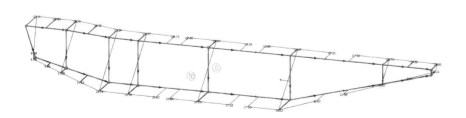

Einheitsspannungsverlauf für M_y-Feldbereich, Belastung FE-Modell
Unit bending stress at mid-span, loading of FE model

Querträger Systemausschnitt, Einheitsmoment für M_y-Stützbereich
Cross beam section through frame system, bending stress for M_y at support

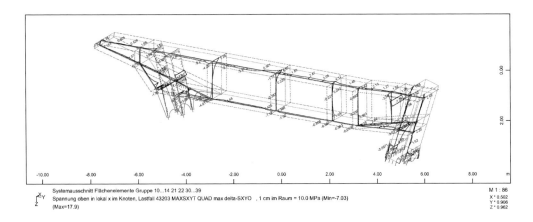

Zugeordnete Normalspannungen entlang Schweißlinien

Assigned normal stresses at intersections along weld lines

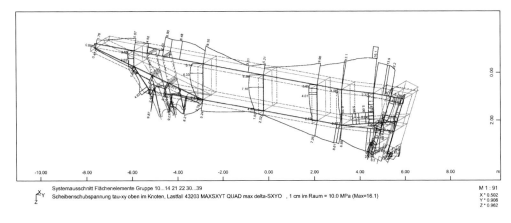

Zugeordnete Schubspannungen entlang Schweißlinien

Assigned shear stresses at intersections along weld lines

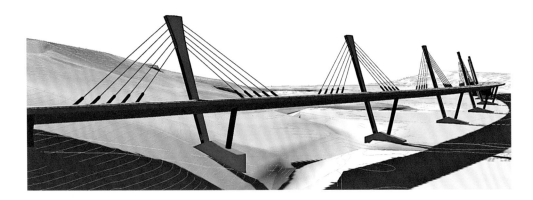

3D-Koordinationsmodel

3D coordination model

Ausführungsplanung

Die Planung wurde mithilfe eines 3D-Modells koordiniert. Hiermit konnten z. B. Schnittstellen geklärt, Planungen Dritter abgeglichen, räumliche Achsen und Absteckpunkte definiert werden. Zur Klärung von Stahlbaudetails, des Seileinbaus, für Kollisionsprüfungen, Definition einer Schusseinteilung, Betrachtungen bezüglich der Zusammenbaureihenfolge und Montage wurde ein räumliches Stahlbau-Detailmodell mit Unterstützung eines externen Werkstattplaners erarbeitet. Die Ausführungszeichnungen mit den notwendigen Detaildarstellungen basieren auf einer 2D-Planung. Hieraus wurden regelmäßig repräsentative Schnitte zur Kontrolle in das 3D-Modell eingefügt.

In Zusammenarbeit mit der BT Bautechnik GmbH wurde eigens für dieses Projekt ein neuartiges Seildämpfersystem entwickelt, das aus einem hochdämpfenden Element und einer speziellen Festhaltekonstruktion besteht. Diese ermöglicht eine spielfreie Ankopplung des Dämpferelements an das Tragseil. Die spezielle Materialkomposition des Elastomers sorgt für gutes Dämpfungsverhalten auch im Tieftemperaturbereich. Für dieses Seildämpfungssytem wurde die Wirksamkeit für ein breites Frequenzband nachgewiesen, was den Einsatz bei variablen oder schwer einzuschätzenden Randbedingungen ermöglicht.

Fazit

Brücken sind Ingenieurbauwerke. Sie sollten deshalb federführend von einem Ingenieur und gern mit Unterstützung eines Architekten entworfen werden. Eleganz und Schönheit kosten etwas, dessen sollte man sich bewusst sein. Hier hatte unser Bauherr Mut und setzte sich sehr stark für das Projekt ein. Wir durften eine aufregende Brücke realisieren, die, wie wir finden, ihresgleichen sucht.

Construction Planning

The planning process was coordinated with the help of a 3D model. Thereby we managed to coordinate, for example, the interfaces between the contractors, align the work of specialist partners and set out spatial axes and key points of alignment. A detailed spatial model of the steel construction was developed with a separate engineering consultant to clarify steel construction detailing, cable installation, collision checks, construction segments and the sequencing of construction stages as well as the assembly. Construction drawings were provided as 2D design drawings; however, relevant sectional drawings were regularly compared with a 3D model for verification.

In cooperation with BT Bautechnik GmbH we developed a new type of cable damper especially for this project. It combines a highly effective damping element with a special restraint system which enables tolerance-free coupling of the damper to the cable. The particular composition of the elastomer guarantees excellent damping characteristics even at low temperatures. It has proven itself to be effective right across the broad frequency board, making it suitable for use in a wide range of environmental conditions.

Conclusion

Bridges are engineering structures. Accordingly, their construction and design are the remit of engineers, working where desired in conjunction with architects. To produce a work of elegance and beauty can be more costly – of that one should be aware. In the case of the Schorgasttal Bridge, our client demonstrated courage and vision, and gave the project the necessary support from the very beginning. As a result, we were able to realize an exciting bridge that is, we think, quite remarkable.

Geologie und Baugrund | Geology and Subsoil

Bernhard Schäpertöns

Das Schorgasttal, die Gemeinde Untersteinach und damit auch die Ortsumgehung liegen an einem besonderen Ort der Geologie und der Erdgeschichte,
dem Oberfränkischen Bruchschollenland. Es liegt zwischen der Frankenalb
im Westen sowie Fichtelgebirge und Frankenwald im Osten, getrennt
durch eine geologische Bruchlinie, die sogenannte Fränkische Linie.
Diese verläuft diagonal von Südosten nach Nordwesten quer durch den
mitteleuropäischen Kontinent. An der Oberfläche stoßen hier Grund- und
Deckgebirge aneinander, das Grundgebirge ist mehrere Kilometer auf das
Vorland aufgeschoben.

Das alte kristalline Grundgebirge aus Graniten und Basalten entstand
bereits im Karbon vor etwa 330 Millionen Jahren bei der Bildung des Groß-
kontinents Pangäa. Nach Auseinanderbrechen des Urkontinents im Perm in
die Kontinente Laurasia im Norden und Gondwana im Süden ebnete es sich
weitgehend ein. Es bildet den Sockel des heutigen europäischen Kontinents.
Vor 245 Millionen Jahren lagerten sich zunächst rot gefärbte Sandsteine
und dann, mit dem Vordringen des Zechsteinmeeres von Norden her,
hauptsächlich Tonsteine als das sogenannte „Rotliegende" ab. Oberfranken
lag zu dieser Zeit etwas oberhalb des Äquators und im Küstenbereich.

Im sogenannten Mitteleuropäischen Becken, das sich 500.000 Quadrat-
kilometer groß vom heutigen Polen bis an den Alpenrand erstreckte, über-
fluteten und verlandeten in den Erdzeitaltern Trias und Jura etliche Binnen-
meere in einem Zeitraum von ca. 150 Millionen Jahren. Sie waren allesamt
mit wahrscheinlich nur 15 bis 100 Metern nicht sehr tief. Unter kontinentalen
und flachmarinen Bedingungen lagerten sich in der Trias bis vor 220 Millionen Jahren die Buntsandstein-, Muschelkalk- und Keuperschichten ab, die in
ungestörten Bereichen bis auf mehrere Hundert Meter Stärke anwuchsen.
Im benachbarten Fränkischen Schichtstufenland sind noch die Ablagerun-
gen der jüngeren Erdzeitalter Lias, Dogger und Malm von vor ca. 200 bis
150 Millionen Jahren erhalten. Gegen Ende des Malms hob sich das ganze
Gebiet und wurde zum Festland.

Als der afrikanische Kontinent sich vor 140 Millionen Jahren Europa zunächst annäherte und dann auf die europäische Kontinentalplatte aufprall-
te, falteten sich bis vor 30 Millionen Jahren die Alpen auf. Zwischendurch
starben Ende der Kreidezeit und vor der ersten Eiszeit die Dinosaurier aus.
Dehnungstektonik bewirkte dann bis vor 20 Millionen Jahren – zum ersten
Mal seit dem Perm – wieder vulkanische Aktivitäten in Oberfranken im
Eozän und Oligozän.

The Schorgasttal valley, the municipality of Untersteinach and thus also the
town's bypass road are located at a place of special geological interest and
historical significance, the Upper Franconian fault-block zone. It lies between
the Franconian Jura in the west and the Fichtel Mountains and Franconian
Forest in the east, separated by a geological fault line known as the Franconian
Line. This runs diagonally from southeast to northwest across the Central
European continent. It is here that bedrock and overlying rock collide at the
surface, with the bedrock thrusting several kilometres over the foreland.

The ancient crystalline basement of granites and basalts was already formed
in the Carboniferous Period about 330 million years ago during the evolution
of the supercontinent Pangaea. After its breakup in the Permian Period into the
land mass of Laurasia in the north and Gondwana in the south, the basement
largely leveled off. It forms the bedrock of what is today the European continent.
About 245 million years ago, first red-coloured sandstone and later, with the
advance of the Zechstein Sea from the north, argillites were deposited in this
region, creating what has come to be called "Rotliegende". Upper Franconia at
this time was located slightly above the equator and in a coastal area.

In the so-called Central European Basin, which extends from today's Poland
to the edge of the Alps and covers an area of approx. 500,000 square kilometres, several inland seas flooded and silted up over a period of approx.
150 million years in the Triassic and Jurassic Periods. At depths of probably
only 15 to 100 metres, they were not very deep. Under continental and
shallow-marine conditions, mottled sandstone, shell limestone and Keuper
deposits followed in the Triassic until 220 million years ago. In undisturbed
areas, these deposits grew to thicknesses of several hundred metres. In the
neighbouring Franconian scarplands, the sediments of the younger geological
eras Lias, Dogger and Malm from about 200 to 150 million years ago are still
preserved. Towards the end of the Malm, the whole area was uplifted and
became a mainland.

As the African continent moved closer towards Europe 140 million years
ago, and later collided with it, the Alps were formed until 30 million years ago.
Somewhere between the end of the Cretaceous and before the first ice age the
dinosaurs became extinct. Subsequent tectonic expansion caused volcanic
activity to recur for the first time since the Permian Period in Upper Franconia,
continuing through the Eocene and Oligocene until some 20 million years ago.

Im Laufe dieser insgesamt ca. 100 Millionen Jahre wurde das Gebiet nordöstlich der Fränkischen Linie tektonisch bis zu über 2000 Meter gehoben. Durch Erosion wurden große Mengen kreidezeitlicher Sedimente und auch Teile der älteren Gesteinsfolgen abgetragen. Wind und Wasser transportierten die Sedimentfracht in tiefer gelegene südwestliche Bereiche. Die Hebungen und Versetzungen sind nicht allein auf die Fränkische Linie beschränkt. Es handelt sich vielmehr um eine Zone mit zahlreichen Störungen, die sich südwestlich daran anschließt. Die Verwerfungen bilden einzelne Schollen, was die Namensgebung „Bruchschollenland" erklärt. Diese Bruchschollenzone zeichnet sich im Schorgasttal auch an der Erdoberfläche durch eine tektonische und geomorphologische Zerstückelung ab, Hügelketten aus Keuper-, Muschelkalk- und Sandsteinrücken liegen dicht nebeneinander. Bestehen sie aus weniger und stärker resistenten Gesteinsschichten, bilden sich sogenannte Schichtkammlandschaften. Ihr Erscheinungsbild weist zum Teil steile Stirnhänge oder Rampenstufen auf, manchmal noch verstärkt durch eine Schrägstellung der verschiedenen Sedimentschichten.

Over the course of these approx. 100 million years, the area northeast of the Franconian Line was uplifted tectonically to an elevation of up to more than 2000 metres. Through erosion, large amounts of cretaceous sediments and also parts of older rock sequences were worn away. Wind and water carried the sediment load to lower-lying southwestern areas. The uplift and dislocation are not limited to the Franconian Line. Rather it is a zone of numerous faults that adjoins to the southwest. These faults formed individual blocks or slabs, hence the name "fault-block land". This tectonic and geomorphological fragmentation is evident on the surface of the Schorgasttal valley, where hill chains of Keuper, shell limestone and sandstone ridges can be seen in close proximity to one another. Wherever they consist of less and more resistant rock strata, they create so-called layer ridge landscapes that typically exhibit steep frontal slopes or stepped ramps, sometimes made more apparent by successive inclined layers of different sediments.

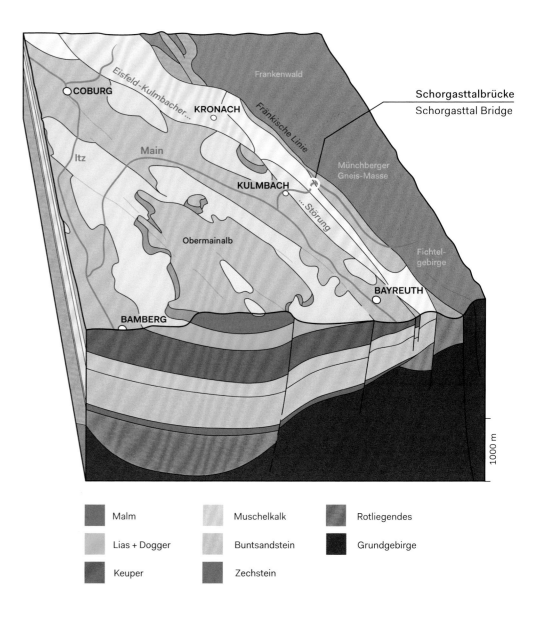

Malm

Lias + Dogger

Keuper

Muschelkalk

Buntsandstein

Zechstein

Rotliegendes

Grundgebirge

Darstellung der Fränkischen Schweiz und des Bruchschollenlands mit seinen Erdschichtungen. Die Gründung der Schorgasttalbrücke erfolgte in der Nähe einer Bruchlinie, der sogenannten Fränkischen Linie, was die Arbeiten aufwendig gestaltet hat.

Diagram of Franconian Switzerland and the strata of the so-called fault-block land. The bridge over the Schorgasttal valley straddles a fault line known as the Franconian Line, which complicated the design of the bridge foundations.

55

Bodenproben der Erkundungsbohrungen

Rechte Seite von links nach rechts:
Achse 50 (0–20 m), Achse 60 (30–54 m), Achse 70 (0–24 m)
der jeweils auf dieser Seite in Rot markierten Bohrabschnitte

Soil samples from the exploratory drillings
Opposite page, left to right:
Axis 50 (0–20 m), Axis 60 (30–54 m), Axis 70 (0–24 m) of
the respective drilling sections marked in red in the section

Baugrundverhältnisse mit Brückenlängsschnitt

Großbohrpfähle kamen aufgrund der sehr ungünstigen
geologischen Verhältnisse zum Einsatz.

Longitudinal section showing subsoil conditions

The unfavourable geological conditions made it necessary
to use large-diameter bored piles.

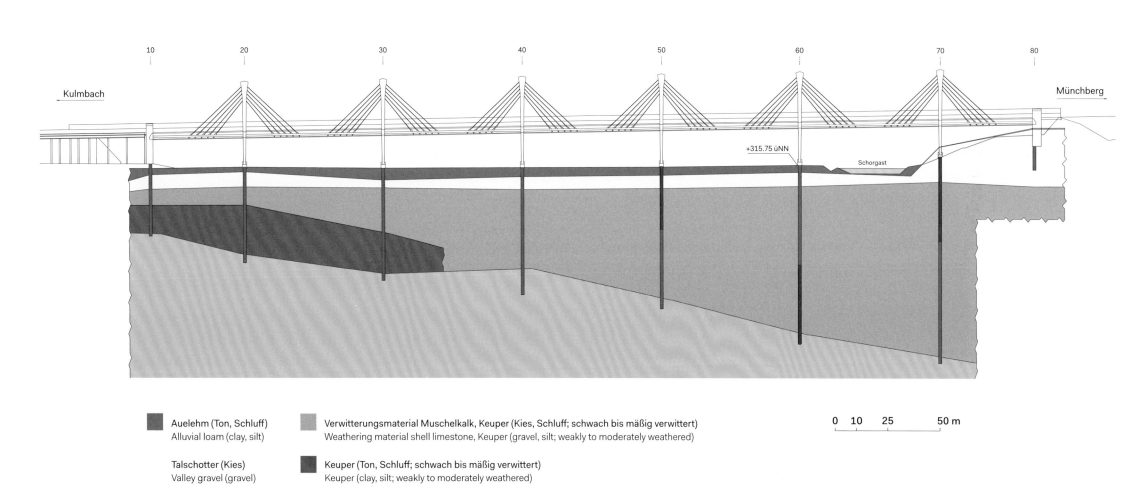

Kulmbach

Münchberg

+315.75 üNN

Schorgast

10   20   30   40   50   60   70   80

0   10   25   50 m

Auelehm (Ton, Schluff)
Alluvial loam (clay, silt)

Verwitterungsmaterial Muschelkalk, Keuper (Kies, Schluff; schwach bis mäßig verwittert)
Weathering material shell limestone, Keuper (gravel, silt; weakly to moderately weathered)

Talschotter (Kies)
Valley gravel (gravel)

Keuper (Ton, Schluff; schwach bis mäßig verwittert)
Keuper (clay, silt; weakly to moderately weathered)

Muschelkalk (Kalk; überwiegend kompakt)
Shell limestone (limestone; predominantly compact)

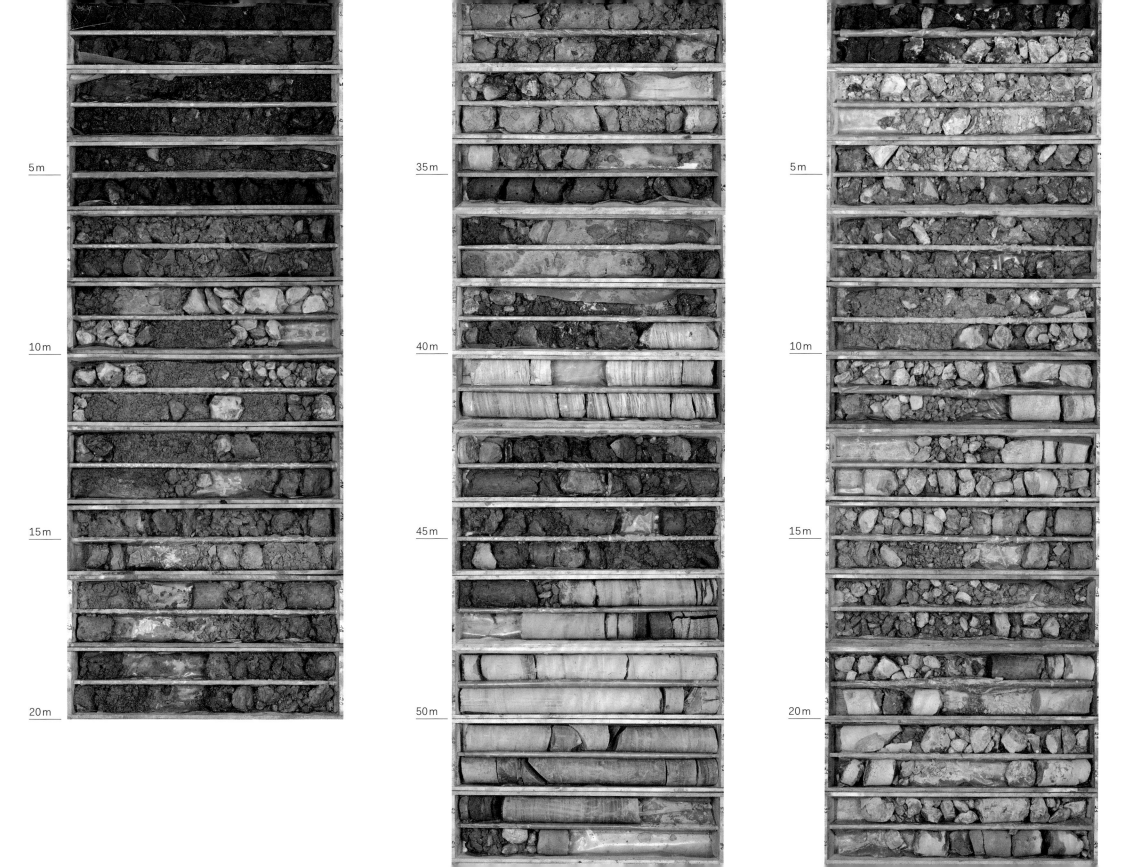

5m

10m

15m

20m

35m

40m

45m

50m

5m

10m

15m

20m

Im jüngsten Zeitabschnitt der Erdgeschichte, dem Quartär (2,6 Millionen Jahre bis heute), wurde auch die oberfränkische Landschaft, teilweise unter Bedingungen des Permafrosts, erheblich umgestaltet. Große Gletscher wie in den Alpen oder in Norddeutschland waren zwar nicht bis hierhin vorgedrungen, jedoch war der Boden tiefgründig gefroren. Erst nachdem sich das Schichtstufenland immer weiter abgesenkt hatte, entstand das heutige Flusssystem. Die Schorgast bahnte sich ihren Weg durch den Muschelkalkrücken bei Untersteinach und fließt seitdem dem heutigen Main zu. Übrigens findet man in der Region um Untersteinach, bedingt durch diese vielfältigen tektonischen Prozesse, an der Erdoberfläche 80 Prozent aller weltweit bekannten Gesteinsarten.

Die Untergrundverhältnisse im Bereich der Schorgasttalbrücke sind aus den beschriebenen Gründen sehr uneinheitlich. Unter dem Oberboden liegt Auelehm mit einer Mächtigkeit von 2 bis 3 Metern. Darunter folgen mitteldicht gelagerte Talschotter mit ca. 4 Metern Schichtdicke im Tal und 16 Metern am Prallhang der Schorgast (Achse 80 der Brücke). Darunter befinden sich mächtige, schluffig sandige Verwitterungsschichten aus Keuper und Muschelkalk von einer meist weichen bis steifen Konsistenz. Teilweise wurden aber auch halbfeste bis feste Konsistenzen festgestellt. Mit in Richtung Südosten stark zunehmender Tiefe wurden bei Sondierungsbohrungen auch schwach bis mäßig verwitterte Keuper- und Muschelkalkformationen angetroffen. Der als Gründung geeignete Muschelkalkhorizont taucht in Richtung Südosten steil ab und wurde in Bauwerksachse 70 erst in über 50 Metern Tiefe aufgeschlossen. In einer Pfeilerachse wurde artesisch gespanntes Grundwasser erbohrt. Der Grundwasserhorizont war bis zur Geländeoberfläche anzunehmen. Bei Hochwasser der Schorgast ist das Gelände überströmt.

Als Konsequenz aus den vorliegenden als „diffizil" zu bezeichnenden Baugrundverhältnissen entschied man sich für eine Tiefgründung mit Großbohrpfählen – sowohl für die Galerie über die Bahnstrecke als auch für die Schorgasttalbrücke selbst.

In the most recent period of Earth's history, the Quaternary (spanning from 2.6 million years ago to the present), the Upper Franconian landscape was once more considerably reshaped, partly under conditions of permafrost. While large glaciers, such as those in the Alps or in northern Germany, had not advanced to this area, the ground was frozen to a considerable depth. Only after the scarplands had sunk further and further did the present river system develop. The Schorgast River then carved its way through the shell limestone ridge near Untersteinach and has since flowed towards today's Main River. As a result of these diverse tectonic processes, one can find some 80 per cent of all known rock types in the surface layers of the region around Untersteinach.

Due to the geological-tectonic processes described above, the subsoil conditions around the site of the Schorgasttal Bridge are highly variable. Beneath the topsoil lies alluvial loam with a thickness of 2 to 3 metres. This is followed by medium-dense valley gravel with a layer thickness ranging from about 4 metres in the valley to 16 metres on the outer bank of the Schorgast River (axis 80 of the bridge). Underneath are thick, silty-sandy weathering layers of Keuper and shell limestone of a mostly soft to stiff consistency. In some places, semi-solid to solid consistencies were found. As the drilling depth increased sharply toward the southeast, the exploratory borings also encountered weakly to moderately weathered Keuper and shell limestone formations. The limestone horizon, which is suitable as a foundation, unfortunately dips steeply towards the southeast and by construction axis 70 was only reached at a depth of over 50 metres. On one of the pier axes, artesian groundwater was pierced while drilling. The groundwater horizon was assumed to reach ground level and when the Schorgast River floods, the valley floor and site overflow.

As a consequence of what one can feasibly describe as "difficult" ground conditions, the decision was made to employ a deep foundation with large-diameter bored piles. This was the case for both the gallery over the railway line and the Schorgasttal Bridge itself.

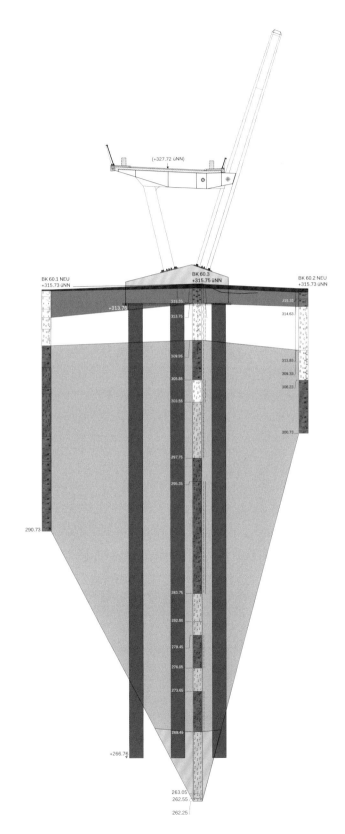

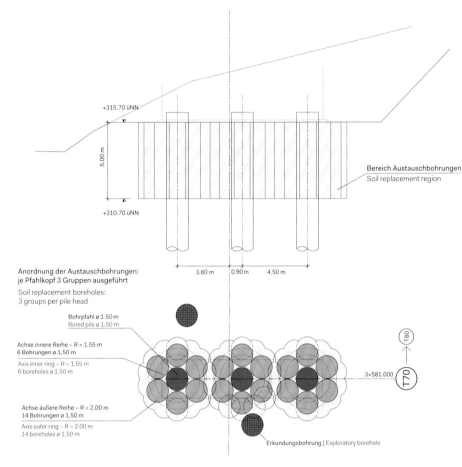

Geologische Schichten | Geological strata

◼ Humus | Humus

◼ Auelehm (Schluff, Ton) | Alluvial loam (silt, clay)

◼ Talschotter (Kies) | Valley gravel (gravel)

◻ Verwitterungsmaterial Muschelkalk, Keuper (Kies, Schluff; schwach bis mäßig verwittert)
Weathering material shell limestone, Keuper (gravel, silt; weakly to moderately weathered)

◼ Keuper (Ton, Schluff; schwach bis mäßig verwittert)
Keuper (clay, silt; weakly to moderately weathered)

◻ Muschelkalk (Kalk; überwiegend kompakt)
Shell limestone (limestone; predominantly compact)

Geotechnische Einstufung | Geotechnical classification

Humus | Humus

Schluff, Ton (Auelehm) | Silt, clay (alluvial loam)

Kies (Talschotter) | Gravel (valley gravel)

Tonstein, Schluffstein, Mergelstein (Keuper)
Claystone, siltstone, marlstone (Keuper)

Kalkstein (Muschelkalk) | Limestone (shell limestone)

Anordnung der Austauschbohrungen:
je Pfahlkopf 3 Gruppen ausgeführt

Soil replacement boreholes:
3 groups per pile head

Bohrpfahl ø 1,50 m
Bored pile ø 1.50 m

Achse innere Reihe – R = 1,55 m
6 Bohrungen ø 1,50 m

Axis inner ring – R = 1.55 m
6 boreholes ø 1.50 m

Achse äußere Reihe – R = 2,00 m
14 Bohrungen ø 1,50 m

Axis outer ring – R = 2.00 m
14 boreholes ø 1.50 m

Erkundungsbohrung | Exploratory borehole

Die jeweils zwei konzentrischen Kreise um einen Bohrpfahl
stellen einen Bodenaustausch dar. Dadurch wurden definierte
Baugrundeigenschaften erreicht.

Two concentric rings of soil replacement boreholes around each
bored pile ensure the defined subsoil properties can be achieved.

Querschnitt von Brücke und Bohrpfählen, einschließlich Austauschbohrungen

Unter jedem Pfahlkopfbalken sind drei Bohrpfähle in
Reihe quer zur Längsachse angeordnet, wodurch eine
Bewegung der Pfeiler in Brückenlängsrichtung möglich ist.

Cross section of bridge and bored piles, including soil replacement boreholes (right)

Each pile head beam rests on three bored piles arranged in a
row perpendicular to the longitudinal axis, allowing movement
of the piers in the longitudinal direction of the bridge.

BAUPHASE
CONSTRUCTION PHASE

2020

Gründung und Unterbauten
Foundation and Substructure

Der Brückenschlag fängt auf der Baustelle mit den Untersuchungen und Vorbereitungen des Baugrunds an. Nur in einem ausreichend erkundeten Untergrund findet eine Brücke, die den unterschiedlichsten Kräften der Elemente, wie z. B. Wind und Flussströmung, aber auch den fahrdynamischen horizontalen Kräften des über die Brücke hinwegführenden Verkehrsflusses ausgesetzt ist, sicheren Halt. Fester Grund findet sich im Schorgasttal allerdings erst in recht großer Tiefe. Das liegt vornehmlich an den komplizierten geologischen Verhältnissen.

Hier, an der Bruchstelle der sogenannten „Fränkischen Linie", schoben sich vor ca. 140 Millionen Jahren im Oberfränkischen Bruchschollenland verschiedenste Gesteinsarten im Lauf von vielen Millionen Jahren über- bzw. untereinander. So sind die obersten Boden- und Gesteinsschichten im Schorgasttal stark verwittert und taugen daher nicht für die Gründung einer mehrere Tausend Tonnen schweren Brücke. Am östlichen Prallhang der Schorgast findet sich kompakter und damit tragender Muschelkalk erst in einer Tiefe von über 50 Metern. Dort weisen die drei mächtigen Bohrpfähle unter dem Pfahlkopfbalken in Achse 70 eine Länge von 54 Metern auf. Dagegen liegen die tragenden Schichten am westlichen Brückenende bei ca. 25 Meter Tiefe.

Bridge building begins on site with an investigation of the prevailing geological conditions and preparation of the subsoil. To withstand the multiple forces that act on it – wind, river currents, dynamic horizontal forces produced by traffic flows – a bridge needs a firm grounding. In the Schorgasttal valley, however, solid rock is only found at a considerable depth, due primarily to the complex local geological conditions.

The valley lies on the so-called Franconian Line, a fault line formed some 140 million years ago in the Upper Franconian fault-block zone where various types of rock collided and thrust over and under each other over the course of many millions of years. The uppermost strata in the valley are heavily weathered soil and rock layers that are unsuitable as a footing for a several-thousand-ton bridge. On the eastern undercut slope of the Schorgast River, compact, load-bearing shell limestone is first encountered at a depth of over 50 metres. At this end of the bridge, the three large-diameter piles beneath the pile head beam of axis 70 extend to a depth of 54 metres. At the western end of the bridge, by contrast, the piles are only about 25 metres deep.

Brückenbau

Vier Monate lang, von Februar bis Mai 2018, dominierte bis zu 150 Tonnen schweres Bohrgerät für die Herstellung der Großbohrpfähle die Baustelle. Jeder Großbohrpfahl hat einen Durchmesser von 1,50 Metern.

Bridge construction

For four months, from February to May 2018, the construction site was dominated by the 150-ton-heavy drilling rig for the large-diameter bored piles. Each pile has a diameter of 1.50 metres.

Die Deutsche Bahn hatte sogenannte „Sperrpausen" (Zeitfenster ohne Zugverkehr) vorgegeben. Deswegen wurden die Spundwände für das spitzwinklige Galeriebauwerk nur bei Nacht gesetzt.

Sheet piling for the railway gallery could only be installed when there was no train traffic, i.e. when the Deutsche Bahn specified breaks in service. Consequently, the sheet piling was installed at night.

Aus Gründen der Baulogistik mussten Baustraßen und zwei Behelfsbrücken angelegt werden. Parallel dazu erfolgten vorbereitende Maßnahmen zum Traggerüstaufbau, unter anderem durch Hilfsjoche über die Schorgast.

To access certain parts of the site during construction, temporary roadways and two bridges were built. Preparatory work for the erection of temporary supporting scaffolding was also undertaken, including temporary beams straddling the Schorgast River.

Schal- und Bewehrungsarbeiten für die Pfahlkopfbalken

Nach dem Einbringen der Bewehrung und dem Betonieren der Bohrpfähle wurden diese abgespitzt, um deren Bewehrung freizulegen. Anschließend maß man die Stabspannglieder für die Pylone mit einer Hilfskonstruktion ein und betonierte diese dann ein. Am Ende schauen lediglich die Stabspannglieder, mit den dazugehörigen Verpressschläuchen, aus dem Pfahlkopfbalken heraus.

Formwork and reinforcement for the pile head beams

After the reinforcement had been installed and the bore piles filled with concrete, the reinforcement cages were exposed at the top. The assembly was then enclosed with formwork and concreted in place. Only the post-tensioning bar tendons and their grouting tubes protrude from the pile head beam.

Stahlbau | Steel Construction

Die hohe Schule des Stahlbaus verleiht auch einer mehrgliedrigen Schräg-seilbrücke wie der Schorgasttalbrücke mit ihren sechs Pylonen erst den richtigen Schliff. Mit anderen Worten, erst die Ausbildung und Detaillierung in Stahl ermöglicht so richtig die Eleganz und Dynamik der Brücke. Gleich-zeitig verleihen die Materialeigenschaften von Stahl der Schorgasttalbrücke die notwendige Festigkeit und Steifigkeit. Bereits in den Handskizzen zeigt sich das diffizile Konstruktionsprinzip der Brücke. Statt mittig auf Pfeilern zu ruhen, ziehen die geneigten Pylone mit ihren Spannseilen den Brückenüber-bau auf ihre Seite. Ein dergestalt dynamisches Bild von einer Brücke hätte zum Beispiel nicht in einer Ausführung in Beton realisiert werden können.

Wie bei einem tänzelnden Fußballer oder einer antiken Statue verlagern sich die Kräfte vom Stand- aufs Spielbein. Noch ein anderes Bild drängt sich auf, das der grazilen Ballerinas aus dem Ballett *Schwanensee*. Solche Assozia-tionen führten bei den Entwerfern zu der Metapher einer tanzenden Brücke. Damit reiht sich die Schorgasttalbrücke in eine Reihe von mehrfeldrigen Schrägseilbrücken ein, stellvertretend seien hier die herausragende Sunni-bergbrücke und das viel größere Viadukt von Millau genannt.

A multiple-span cable-stayed bridge such as the Schorgasttal Bridge with its six pylons is an achievement in itself, but its elegance and dynamic quality crucially derive from the skillful design and detailing of the steel structure. At the same time, the material properties of steel give the Schorgasttal Bridge the necessary strength and rigidity. An idea of the delicacy and poise of the construction principle can already be seen in the initial hand-drawn sketches. Rather than resting squarely on two piers, the roadway is suspended asym-metrically from inclined pylons arranged on one side. Such a dynamic image of a bridge could not have been realized in a concrete version, for example.

Similar to a prancing soccer player or the classical pose of ancient sculptures, one leg bears most of the weight while the free leg provides balance. A further association is that of the graceful ballerinas in a performance of *Swan Lake*. Indeed, metaphorically speaking, the bridge appears to dance across the valley! As such, the Schorgasttal Bridge joins a series of multi-span cable-stayed bridges, among which the Sunniberg Bridge and the much larger Millau Viaduct are distinctive examples.

Querschnitt des Trennpfeilers zur Galerie, Achse 10

Die Schorgasttalbrücke ist ein semiintegrales Bauwerk, d. h. bewegliche Lager befinden sich nur an den jeweiligen Brückenenden, also am Widerlager auf der Seite des Geländeeinschnitts und am Trennpfeiler zur Galerie. Das Pendellager ist hier gut im Größenvergleich zu einem Menschen erkennbar.

Cross section of the pier adjoining the gallery, axis 10

The Schorgasttal Bridge is a semi-integral structure: moving bearings are located only at the bridge ends, i.e. at the abutment next to the cutting in the terrain and at the pier adjoining the gallery. The height of the pinned column bearing shown alongside that of a person.

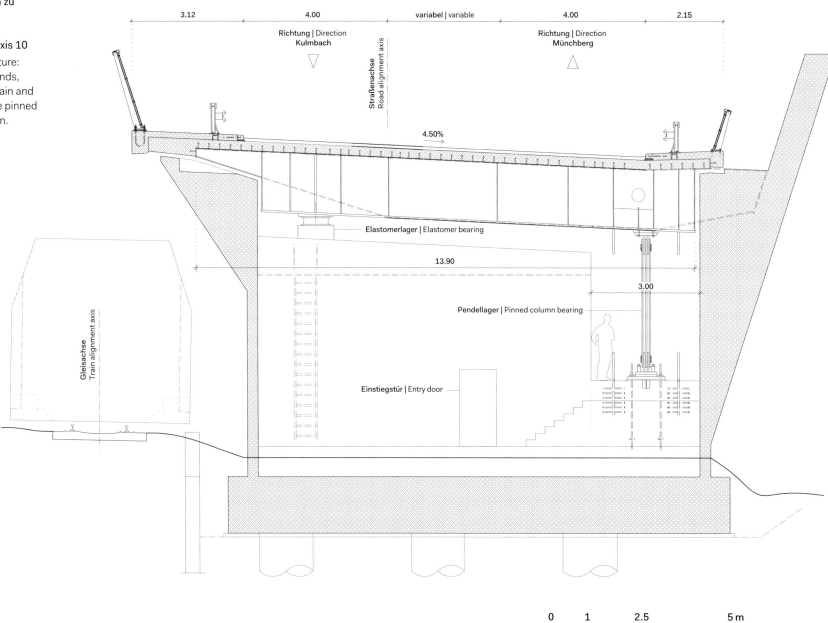

3.12   4.00   variabel | variable   4.00   2.15

Richtung | Direction Kulmbach

Richtung | Direction Münchberg

Straßenachse Road alignment axis

4.50%

Elastomerlager | Elastomer bearing

13.90

3.00

Pendellager | Pinned column bearing

Gleisachse Train alignment axis

Einstiegstür | Entry door

0   1   2.5   5 m

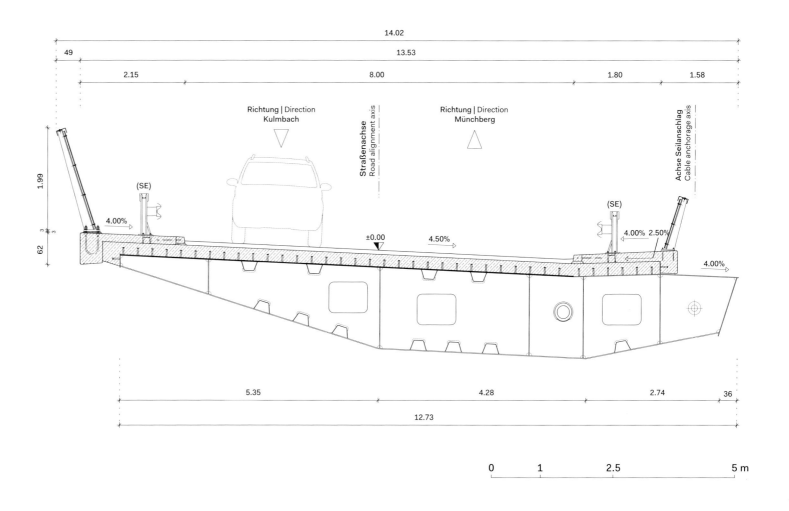

14.02

49

13.53

2.15

8.00

1.80

1.58

Richtung | Direction
Kulmbach

Straßenachse
Road alignment axis

Richtung | Direction
Münchberg

Achse Seilanschlag
Cable anchorage axis

1.99

(SE)

(SE)

4.00%

±0.00

4.50%

4.00% 2.50%

4.00%

62 3 3

5.35

4.28

2.74

36

12.73

0   1   2.5   5 m

Regelquerschnitt des torsionssteifen, asymmetrischen Stahlkastens mit Fahrbahn

Auf dem 1,60 Meter hohen und dem 12,73 bis 15,93 Meter breiten Stahlkastenträger liegt eine 25 Zentimeter starke Fahrbahnplatte aus Ortbeton. Die maximale Konstruktionshöhe beträgt somit nur 1,85 Meter, was sehr zum schlanken Erscheinungsbild der Brücke beiträgt.

Typical cross section of the torsionally stiff, asymmetrical steel box girder with roadway

The 1.60-metre-high and the 12.73- to 15.93-metre-wide steel box girder is topped with a 25-centimetre-thick deck slab of in-situ concrete. The maximum overall construction height of the bridge superstructure is therefore only 1.85 metres, which contributes greatly to the bridge's slender appearance.

Teilmontage des Stahlüberbaus

Erkennbar sind das Arbeitsgerüst zur Montage der einzelnen Stahlbauteile sowie die bereits aufgerichteten Pylone. Im Bildvordergrund sieht man den Pfahlkopfbalken in Achse 30 mit abgedeckten Spanngliedern.

The steel superstructure mid-assembly

Each individual steel section is craned in place and held by a supporting scaffold. Visible in the background are the already erected pylons. In the foreground, one can see the pile head beam of axis 30 with covered pretensioning bar tendons.

Hilfsjoch über die Schorgast für das Traggerüst (rot) und das Arbeitsgerüst (grau)
Temporary bearing beam over the Schorgast River for the shoring (red) and supporting scaffold (grey)

Blick aus Richtung der Galerie (rechts im Vordergrund) auf die Brückenbaustelle und den dahinter erkennbaren Geländeeinschnitt

View of the bridge construction site from the railway gallery (foreground right) with the cutting in the terrain visible in the distance

Momentaufnahme der ein Jahr in Anspruch nehmenden Montage des Stahlbaus im März 2018

Das erste, 45 Meter lange Brückenfeld zwischen Achse 70 (Widerlager) und Achse 60 ist bereits verschweißt. Gerade werden die einzelnen Stahlsegmente zu einem 67,20 Meter langen Brückenfeld zwischen Achse 60 und 50 auf dem Traggerüst ausgerichtet, um anschließend verschweißt zu werden.

March 2018 – Snapshot of the year-long assembly of the steel structure

The first 45-metre-long bridge span between axis 70 (abutment) and axis 60 is already assembled and welded. The individual steel segments of a second 67.20-metre-long bridge span between axes 60 and 50 are currently being aligned with the help of shoring prior to being welded together.

Ein Mobilkran hebt die vorgefertigten Stahlbausegmente ein: Der Überbau besteht aus einem luftdicht verschweißten Stahlkasten und einer darüberliegenden fest verbundenen Fahrbahnplatte aus Beton, die nach dem Einhub aller Stahlbausegmente aufgebracht wurde.

A mobile crane lifts the prefabricated steel segments comprised of airtight welded steel boxes. Once all have been lifted into place, the concrete roadway slab is cast, creating a single, interconnected steel-concrete composite superstructure.

Einheben und Ausrichten der Stahlbausegmente auf dem Traggerüst: Gut erkennbar sind das schlanke, unten abgeschrägte
Brückenprofil sowie im Foto rechts daneben das im luftdichten
Kasten eingeschweißte Mantelrohr, in das später die Edelstahl-
rohre der Fahrbahnentwässerung eingeschoben werden.

Lifting and alignment of the steel segments using the shoring elements: The tapered edge contributes to the bridge's slender profile.
In the photo (top, right), one can see the duct for receiving the
stainless steel roadway drainage pipe welded into the airtight box.

Baustellenpanorama in Blickrichtung Achse 10
Verschweißen des Querträgers in Achse 40, der, um unabhängig
vom Wetter arbeiten zu können, mit Planen eingehaust ist.

Panoramic view of the construction site looking towards axis 10
The transverse frame at axis 40 is covered to allow welding work
to proceed independently of the weather.

Vorfertigung Stahlbau | Steel Prefabrication

Die Vorfertigung an zwei hochmodernen Stahlbaufertigungsstätten der Züblin Stahlbau GmbH legte das Fundament für einen zügigen und wirtschaftlichen Brückenbaufortschritt. Das interdisziplinäre Zusammenwirken von leistungsfähigen Projekt- und Montageteams legte die Basis dafür.

Die Fahrbahnteile entstanden auf dem Werksgelände in Sande bei Wilhelmshaven. An dem traditionsreichen knapp über 100 Jahre alten Produktionsstandort entstehen vorrangig Schwergewichte für den Brückenbau aus Stahl. Die dort aus 30 Millimeter starken Blechen vorgefertigten Elemente der Schorgasttalbrücke wogen bis zu 63,30 Tonnen und waren 22 Meter lang und 5,35 Meter breit. Am Firmenhauptsitz im brandenburgischen Hosena bei Senftenberg wurden die Pylonunter- und -oberteile sowie die Stützen gefertigt.

Bridge construction can progress more rapidly on site and be made more economical with the help of prefabrication. A prerequisite for this is effective interdisciplinary cooperation between the project and assembly teams. To this end, sections of the bridge were manufactured by Züblin Stahlbau GmbH at two of their ultramodern steel construction plants.

The roadway components were built at Züblin's factory in Sande near Wilhelmshaven. This production site has a long tradition extending back more than 100 years and specializes in heavyweight steel sections for bridge constructions. Made of 30-millimetre-thick steel plate, the prefabricated sections weighed up to 63.30 tons and measured up to 22 by 5.35 metres (l × w). The lower and upper sections of the pylons and the circular supports were fabricated and welded at the company headquarters in Hosena near Senftenberg in Brandenburg.

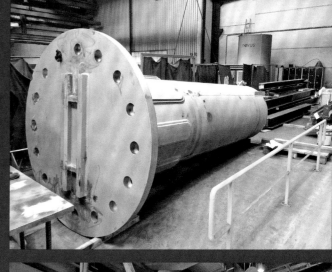
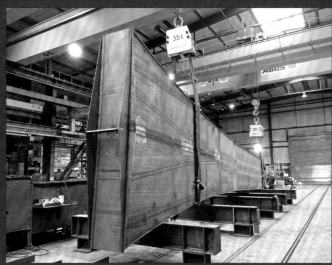

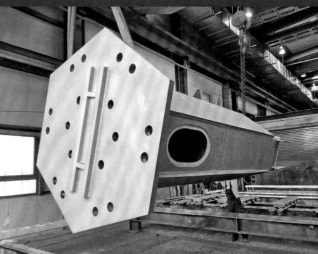

Stützenfuß im fast fertigen Zustand

Die Rundstütze hat einen Außendurchmesser von 1,20 Metern. Das Anspannen der Spannglieder zur Verankerung der Stützenfüße ist schon erfolgt.

Base of the support in a near-final state

The tensioning of the tendons around the 1.20-metre-diameter circular support has already been carried out to firmly anchor the support in place.

Faltwerksmodell des Stützenfußes

Um eine möglichst flächige Krafteinleitung zu gewährleisten, wurde die Fußplatte im Inneren der Stütze durch Auskreuzungen verstärkt.

Folded plate model of the support base

To ensure that forces are applied over as large an area as possible, the base plate inside the support is reinforced with stiffening ribs.

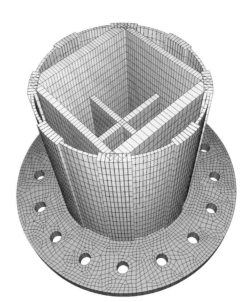

Rechte Seite: Anlieferung eines vorgefertigten Stahlbausegments: Jedes der insgesamt sieben Brückenfelder setzt sich aus neun Stahlbauteilen zusammen. Sie wiegen zwischen 30 und 65 Tonnen, sind bis zu 25 Meter lang und 3 bis 5,50 Meter breit.

Opposite page: Delivery of a prefabricated steel segment. Each of the seven bridge spans is comprised of nine steel segments that weigh between 30 and 65 tons and are up to 25 metres long and 3 to 5.50 metres wide.

Einhub weiterer Längsträgersegmente

Sie sind in den Pylonachsen an den Querträgern (hellgrün) angeschweißt, die mit den außen liegenden Rundstützen und Pylonen ein Rahmensystem in Querrichtung bilden. Die Querträger sind komplett in den Fahrbahnträger integriert. Gut zu erkennen ist auch die niedrige Bauhöhe, die die Brücke als ein schlankes Band im Talraum erscheinen lässt.

Craning in a new longitudinal girder segment

Once in position, the segment is welded to the cross beams (light green), which together with the pylon and supporting circular support form a frame system in the axis of the pylon. The cross beams are completely integrated into the roadway girder, so that the entire superstructure has a shallow construction height, making the bridge appear like a slender ribbon crossing the valley.

Endquerträger noch ohne Bewehrung

Sie sind ebenso wie das Fahrbahndeck in Stahlverbund-Bauweise ausgeführt. Die Bohrungen in den Stegblechen nehmen später Bewehrungseisen auf und werden in den Bewehrungskorb mit eingebunden.

End cross beam, awaiting installation of reinforcement bars

Like the roadway deck, these are composite steel-concrete elements. The holes in the web plates will later accommodate reinforcement bars, incorporating the elements into the reinforcement cage.

Schwertransporter liefern die letzten Stahlbausegmente für die Brücke an. Gut zu erkennen sind die auf dem Obergurtblech angeordneten Kopfbolzendübel, die später den Verbund von Stahl und Beton sichern.

Heavy goods vehicles deliver the final steel segments for the bridge. The shear studs on the upper plate create a secure bond between the steel and cast concrete.

Anlieferung und Einheben der letzten stählernen Brückensegmente
Delivery and raising of the last steel bridge segments

Anlieferung und anschließendes Einheben des letzten
Brückensegments. Nach dem Einheben und Ausrichten
wird das Element mit den anderen verschweißt.

Delivery and lifting in place of the final bridge segment.
After lifting and alignment, the element is welded to the others.

Brücken Auf- und Untersicht: Nachdem die Brückensegmente und -felder komplett verschweißt sind, werden nach und nach die roten Traggerüste abgebaut.

View of the bottom and top of the bridge. Once the bridge segments have been fully welded, the red shoring elements are gradually removed.

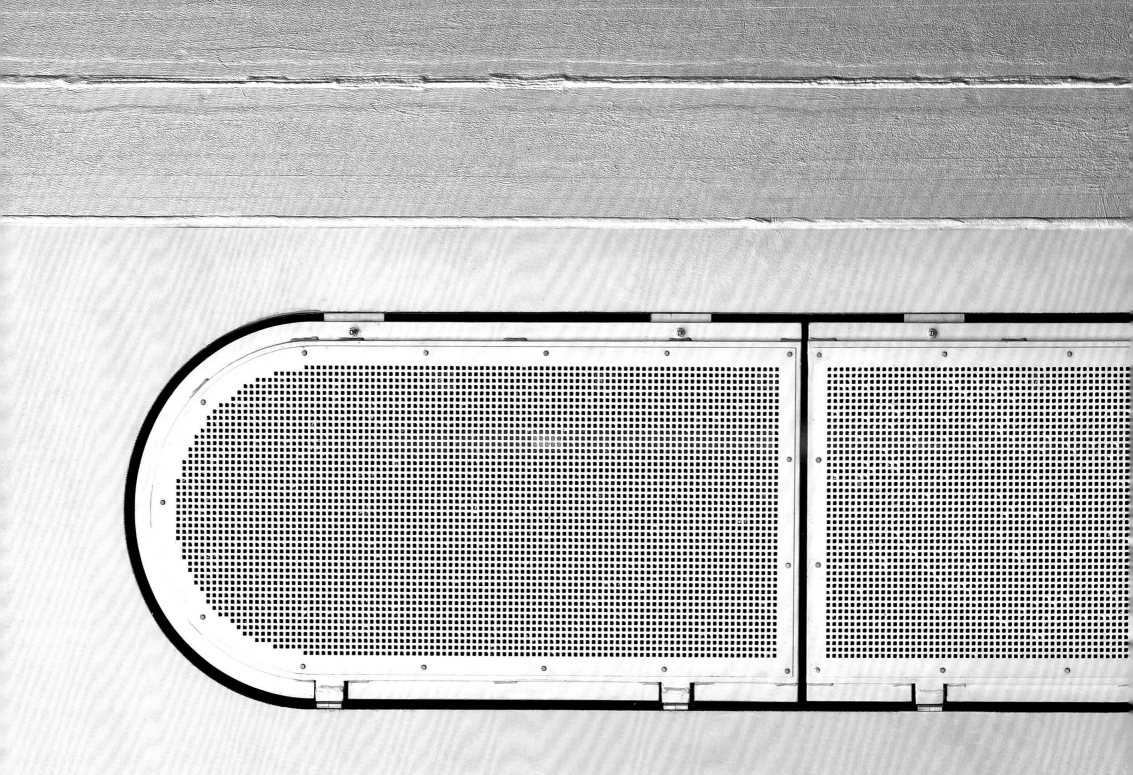

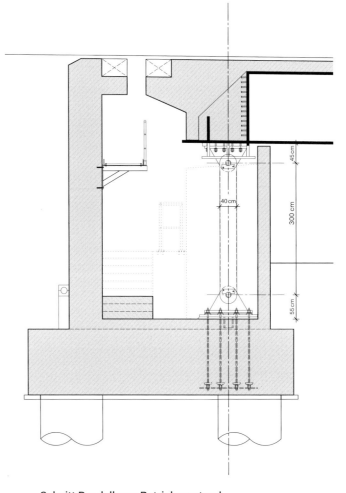

Schnitt Pendellager Betriebszustand

Die Länge des Pendellagers ergibt sich aus der Verschiebung der Brücke. Je kürzer das Pendel und je größer die Längenänderung der Brücke, desto größer wird der vertikale Sprung im Fahrbahnübergang Brücke zu Widerlager. Um einen möglichst sicheren und leisen Betrieb der Übergangskonstruktion zu ermöglichen, ist das Pendel 3 Meter lang geworden. Trotz des großen Pendels beträgt die maximale Höhenänderung bis zu 32 Millimeter.

Section through pinned column bearing

The height of the bearing is a product of the extension of the bridge. The longer the change in length of the bridge and the shorter the column's height, the greater the vertical misalignment between roadway and abutment. To ensure the safest and quietest transition, the pinned column is 3 metres long and has a maximum height misalignment of 32 millimetres.

Pendelkopf

Bei allen Brückenbauwerken, die in den letzten Jahren fertiggestellt wurden, besteht die Möglichkeit zum Austausch von Lagern. Da Pendellager als Zug- und Drucklager konzipiert sind, muss dies beim Lagertauschkonzept berücksichtigt werden. Dafür ist seitlich des Pendellagers je ein Hilfslager eingebaut, um Zugkräfte aufnehmen zu können. Im Fall von Druckkräften werden diese über eine Presse, die auf der Lagerbank platziert wird, aufgenommen.

Top of the column bearing

In all recent bridge structures, bridge bearings must be designed to be replaceable. The fact that this bearing can accommodate tension and compression forces must also be considered in the bearing replacement concept. Additional bearing points on either side can absorb tension forces during replacement, while compressive forces are borne via a jack placed temporarily at the bearing point.

Pendelfuß

Um die wechselnden Zug- und Druckkräfte ins Widerlager zu übertragen, sind alle Schrauben und Stabspannglieder vorgespannt. Durch die Ausführung als Dehnschrauben wird die wechselnde Beanspruchung minimiert. So können sich die Schrauben über die Zeit nicht lockern und gewährleisten einen wartungsarmen und sicheren Betrieb der Brücke.

Base of the column bearing

To transfer the alternating tensile and compressive forces into the abutment, all bolts and bar tendons are prestressed. The use of pretensioned, reduced shank bolts lowers the alternating stresses and prevents the bolts from loosening over time, ensuring low-maintenance and safe operation of the bridge.

An beiden Endauflagern der Schorgasttalbrücke befinden sich jeweils querfeste Kalottengleitlager, um die temperatur- und lastbedingten Verschiebungen aufzunehmen.

Both end points of the Schorgasttal Bridge have laterally constrained sliding spherical bearings to acccommodate temperature- and load-induced displacement.

Kalottenlager

Im Vordergrund ist der Pressenansatzpunkt zum Lageraustausch zu erkennen. Ein solcher ist auf beiden Seiten des Lagers vorhanden und dient beim Lageraustausch zum Positionieren der hydraulischen Pressen, um die Brücke unter laufendem Betrieb anzuheben. Anschließend wird das Lager ausgewechselt und die Brücke wieder abgelassen.

Spherical bearing

In the event that a bearing needs replacing, hydraulic jacks can be mounted either side of the bearing – the bearing points for mounting the jacks are visible in the foreground – to lift the bridge and remove the bearing. After replacement the bridge is lowered again, and the jacks are removed.

Galerie | Gallery

Selten besteht ein Brückenbauwerk nur aus der eigentlichen Brücken-konstruktion. Nicht ungewöhnlich ist es, dass Rampen oder gar andere Konstruktionen den Verkehr an bzw. auf die Brücke führen. So auch bei der Schorgasttalbrücke, wo, von Kulmbach kommend, der Verkehr zunächst die Bahnlinie Bamberg–Hof mittels eines Galeriebauwerks überquert. Die Galerie setzt sich in vielerlei Hinsicht, vornehmlich aber in ihrer Massivität, von der eigentlichen Brückenkonstruktion ab. Material, Bauweise, Dimensionen, optischer Eindruck und der spitze Winkel, in der sie die Bahnlinie kreuzt, sind grundverschieden von dem freien, leicht geschwungenen Verlauf der Schrägseilbrücke, die förmlich über dem Talgrund zu schweben scheint.

So fungiert die westlich vorgelagerte Galerie wie ein Präludium zur Schräg-seilbrücke, nicht unähnlich dem östlichen Einschnitt in die Landschaft, aber eben völlig anders in Bauweise, Funktion und ihrer Erlebbarkeit. Doch nur in der Ansicht vom Schorgasttal erschließen sich die volle Länge und Gestaltung der Galerie. Für Auto- wie Bahnfahrer rauscht die Galerie in wenigen Sekunden vorbei. Erst ein Wanderer auf dem Weg durchs Schorgasttal erkennt die offensichtliche Zweiteilung der Galerie. Auf der einen Seite der Bahnstrecke verläuft parallel eine Stützmauer, deren Abschnitte vertikal von Pilastern unterteilt sind. Leicht versetzt auf der gegen-überliegenden Seite stehen sieben Stahlstützen, die die Galerie ebenfalls räumlich gliedern. Beides sind rhythmische Elemente, die ein hohes Maß an bewusster Setzung ausdrücken.

Rarely does a bridge project consist only of the actual bridge structure. Often there are ramps or other constructions for leading traffic of all kinds smoothly towards or onto the bridge. This is also the case with the Schorgast-tal Bridge, where traffic coming from Kulmbach first crosses the Bamberg–Hof railway line by means of a gallery structure. The gallery distinguishes itself from the actual bridge structure in several respects, but at first glance primarily through its solidity. The material, construction, dimensions, visual appearance and angle at which it crosses the railway line are fundamentally different to the way the gently curving path of the cable-stayed bridge floats freely over the valley floor.

The gallery at the west end acts as a prelude to the cable-stayed bridge, not unlike the cutting in the landscape at the eastern end, but is fundamentally different in its construction, function and experience. Its full length and exe-cution really only become apparent when seen from within the valley. Drivers and train passengers only catch a glimpse of the gallery for a few seconds as they zoom past. A hiker crossing the valley, however, will notice that the gallery comprises two parts. On one side of the railway line is a retaining wall parallel to the tracks, subdivided vertically into sections by pilasters. On the other side, slightly offset, are seven steel columns that structure the gallery spatially. Both are rhythmic elements that together lend the structure a pronounced sense of serenity.

Stählerne Spundwände sichern den Bahndamm, und zusätzlich werden zur Dammgründung noch 1550 Betonstopfsäulen von ca. 8 Metern Länge in den Untergrund eingebracht.

Sheet steel piles secure the railway embankment and, in addition, 1550 concrete compaction piles of approx. 8 metres in length were installed into the subsoil for dam foundation.

Die Galerie über die Bahnstrecke wurde als vollintegrales Bauwerk mit schlaff bewehrter Deckenplatte errichtet, d. h. ohne Fugen und Lager – alle Bauteile sind monolithisch miteinander verbunden. Gut zu erkennen im Bild sind einige der parallel zur Bahnstrecke angeordneten Fundamente der insgesamt sieben Stahlverbund-Rundstützen mit einem Durchmesser von je 60 Zentimetern.

The gallery over the railway line is a fully integral structure with an untensioned reinforced floor slab. It has no joints or bearings as all components are monolithically connected to each other.
Also visible are some of the foundations of the total of seven concrete-filled steel columns with a diameter of 60 centimetres, arranged parallel to the railway line.

Die insgesamt 140 Meter lange Galerie kreuzt die Bahnstrecke im spitzen Winkel. Hier zu sehen ist die hölzerne Schalung des Pfahlkopfbalkens mit den Einbauteilen für die Rundstützen mit 60 Zentimetern Durchmesser. Nach der Gründung der Galerie wurden alle weiteren Arbeiten bei laufendem Bahn-betrieb ausgeführt.

The deck of the gallery, 140 metres long in total, crosses the railway line at an oblique angle. Here you can see the wooden formwork of the pile head beam with the installation parts for the 600-millimetre-diameter round columns. After the gallery was founded, all further work was carried out while the railway was in operation.

Gleichzeitiger Bau- und Bahnbetrieb | Construction underway during train operation

Mit zwei Kolbenpressen auf Hilfsstützen neben jeder Stahlverbund-Rundstütze wurde die Deckenplatte abgesenkt.

The deck slab was lowered onto the concrete-filled steel columns using hydraulic bridge jacks mounted either side of each column.

Am Stützenkopf befinden sich Kalottenlager. Erkennbar ist die in Kassetten unterteilte Wandfläche des Widerlagers.

At the top of each column are spherical bearings. The surface of the retaining wall is structured by pilasters.

Luftbild der Gesamtbaustelle im Sommer 2019

Der Betonbau der Galerie sowie der Stahlbau der Brücke sind abgeschlossen, jetzt steht die Seilmontage an den Pylonen an. Die Gesamtbauzeit für Galerie und Brücke betrug ca. zwei Jahre.

Summer 2019 – Aerial view of the construction site

The construction of the concrete gallery structure and of the steel road bridge has been completed, with the cable installation as the next step. The overall construction time of the gallery and bridge was about two years.

Zur Freihaltung des Lichtraumprofils im Gleisbereich wurde die 1,15 Meter starke Deckenplatte in erhöhter Lage betoniert. Das bedeutete, dass die Betonierung der Deckenplatte (2000 Kubikmeter Beton und ca. 600 Tonnen Bewehrung) in einem Stück innerhalb von ungefähr 30 Stunden erfolgen musste. Das Gesamtgewicht der Deckenplatte beträgt etwa 5000 Tonnen.

To ensure sufficient clearance in the track area, the 1.15-metre-thick slab was cast at an elevated height. This meant that the casting of the slab (2000 cubic metres of concrete and about 600 tons of reinforcement) needed to be done in one piece within about 30 hours. The total weight of the deck slab is about 5000 tons.

Pylon- und Seilmontage
Pylon and Cable Installation

Brücken sind auch Landmarken, besonders gelungene Brückenbauwerke werden sogar als Baudenkmäler bezeichnet. Zwar ist die Schorgasttalbrücke nach Lage, Ort und Bedeutung nicht ganz vergleichbar mit einigen der im einleitenden Essay dieses Buches genannten Ikonen des Brückenbaus, aber sie prägt das Schorgasttal bei Untersteinach in einer mehr als eindrücklichen Weise. Das positive Erscheinungsbild der Talbrücke wird maßgeblich von ihren sechs sich etwa 25 Meter über den Talgrund erhebenden Pylonen geprägt. Die von jedem Pylon abgehenden, im Fächersystem symmetrisch angeordneten zehn Stahlseile lassen das Bauwerk, auch aus der Ferne, sogleich als eine mehrhüftige Schrägseilbrücke erkennen.

Die Errichtung und Montage der Pylone und Seile kann zu Recht als der Höhepunkt im zweijährigen Bauprozess der Schorgasttalbrücke beschrieben werden. Denn mit der Installation und Spannung der Seile erhielt die Talbrücke erstmals ihre Funktionalität als vollbelastbares Verkehrsbauwerk. Die Vertikallasten des Brückenüberbaus werden sichtbar über die Spannseile als Zugkräfte an die Pylone geleitet. Der Pylonkopf leitet diese dann als Druckkräfte senkrecht in den Baugrund ein. Die horizontalen Kraftkomponenten entstehen auf beiden Seiten in Richtung des Pylons und werden durch den Fahrbahnträger neutralisiert. Im Vergleich zu Hängebrücken sind Schrägseilbrücken kostengünstiger, erreichen aber bei Weitem nicht deren Spannweiten.

Bridges are also landmarks. Particularly successful bridge structures may even acquire the status of monuments. While the Schorgasttal Bridge may not be quite as iconic in terms of situation, location, and significance as some of the bridges mentioned in the introductory essay to this book, it does make a remarkable contribution to its location in the Schorgasttal valley near Untersteinach. The striking appearance of its six, almost 25-metre-high pylons rising from the valley floor is offset by the curve of the roadway borne by ten steel cables that fan out symmetrically from each pylon, making it immediately recognizable as a multiple-span cable-stayed bridge, even from a distance.

The erection and installation of the pylons and cables can rightly be described as the climax of a two-year construction process. With the installation and tensioning of the cables, the viaduct first took on its proper function as a fully loadable traffic-bearing structure. The transmission of vertical loads from the bridge superstructure via the tension cables is made legible through its design. The pylon heads then transfer these loads vertically into the ground as compressive forces. Horizontal force components arise on both sides in the direction of the pylon and are neutralized by the deck girder supporting the roadway. Compared to suspension bridges, cable-stayed bridges are less expensive but also have much shorter bridge spans.

Die sechs in der Werkstatt von Züblin Stahlbau vorgefertigten ca. 16 Meter langen und 20 Tonnen schweren Stahlpylone treffen auf der Baustelle ein: Mit einem Mobilkran werden sie eingehoben und ausgerichtet, um dann in Höhe des Überbaus fixiert zu werden. Alle Pylone sind 18 Grad im Verhältnis 3:1 zur Kurveninnenseite der Brücke geneigt. Vom Pylonkopf spannen längsseitig je fünf Stahlseile, die zusätzlich zu Rundstütze und Pylon den Überbau stützen. Gut zu erkennen im rechten Bild sind die Seileinschublöcher im Brückenüberbau.

Delivery of the six steel pylons, prefabricated by Züblin Stahlbau in their workshop. Each approx. 16-metre-long and 20-ton pylon was craned into position above the superstructure using a mobile crane and inclined at an angle of 18 degrees (3:1) at the inner curved edge of the bridge. Five stay cables will span from the tops of the pylons to the superstructure providing additional support alongside the circular supports and bases of the pylons. The cable insertion holes are visible in the photo on the right.

Hochsommer 2019

Die Seilmontage steht unmittelbar bevor. Die Pylonober-
teile werden mit Schrägstützen ausgerichtet und mit dem
Unterteil verschweißt.

Midsummer 2019

Shortly before cable installation. The upper sections of the
pylons are aligned and held in place at an angle with temporary
diagonal stabilizers for welding to the bases of the pylons.

Seilproduktion | Cable Production

Die 1836 gegründete renommierte Schweizer Seilmanufaktur Fatzer aus Romanshorn am Bodensee fertigte für die Schorgasttalbrücke vollverschlossene Seile (VVS) mit einer Gesamtlänge von 1300 Metern. Die 110 Millimeter starken Seile wurden in Endlosproduktion hergestellt.

Aus den Maschinenspulen wurde das Seil in mehreren Lagen verseilt und über ein Abzugsrad auf Bobinen aufgespult und dann zwischengelagert. Anschließend bog man das Seilende zum Besen und reinigte es mit Verdünner, bevor es mit Metallverguss in die Anschläge vergossen wurde.

Die drei äußeren Lagen der vollverschlossenen Spiralseile der Schorgasttalbrücke bestehen aus Z-Profil-Drähten, die ineinandergreifen.

Die Seilherstellung nahm nahezu ein ganzes Jahr in Anspruch und war im April 2019 abgeschlossen.

The renowned Swiss cable manufacturer Fatzer from Romanshorn on Lake Constance, founded in 1836, produced fully locked coil cables (FLC) with a total length of 1300 metres for the Schorgasttal Bridge. The 110-millimetre-diameter cables were manufactured in continuous production.

From the wire coils of the machine spools, the cable was spun in several layers and spooled via a capstan onto reels for interim storage. The ends of the cable were then bent into a broom and cleaned with thinners before being cast with a metal end stop.

The fully locked spiral cables of the Schorgasttal Bridge consist of three outer layers of interlocking Z-section wires.

Cable production took almost an entire year and was completed in April 2019.

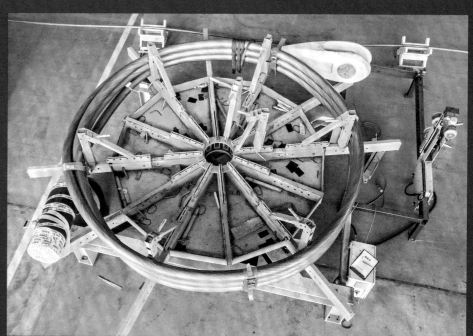

Die verbauten Seile haben einen Nenndurchmesser von 110 Millimetern und sind vollverschlossen, die außen liegenden Drähte sind aus Z-Profilen und bieten dadurch einen erhöhten Schutz, z. B. vor Witterungseinflüssen. Das Gewicht des Seils beträgt 71 kg/m bei einer maximalen Seillänge von fast 30 Metern, woraus sich ein Seilgewicht von bis zu 2,10 Tonnen pro Seil ergibt.

The cables have a nominal diameter of 110 millimetres and are fully locked with outer layers comprised of interlocking Z-section wires that prevent moisture ingress and weathering. The cables weigh 71 kg/m so that the longest, approx. 30-metre-long cables weigh around 2.10 tons each.

Seilaufbau | Cable construction

 1 1 stk × RD ∅ 6.31 mm
 2 7 stk × RD ∅ 4.75 mm
 3 7 stk × RD ∅ 3.75 mm
 4 7 stk × RD ∅ 4.62 mm
 5 14 stk × RD ∅ 5.75 mm
 6 20 stk × RD ∅ 5.75 mm
 7 26 stk × RD ∅ 5.75 mm
 8 32 stk × RD ∅ 5.75 mm
 9 38 stk × RD ∅ 5.75 mm
 10 51 stk × Z55F25W, h = 5.50 mm
 11 54 stk × Z55F26W, h = 5.50 mm
 12 63 stk × F600-3_A, h = 6.00 mm

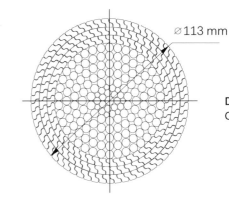

∅ 113 mm

Darstellung Seilquerschnitt
Cable cross section

Foto Seilquerschnitt
Photo of cable cross section

Detailplanung Seilenden | Detail of cable stops

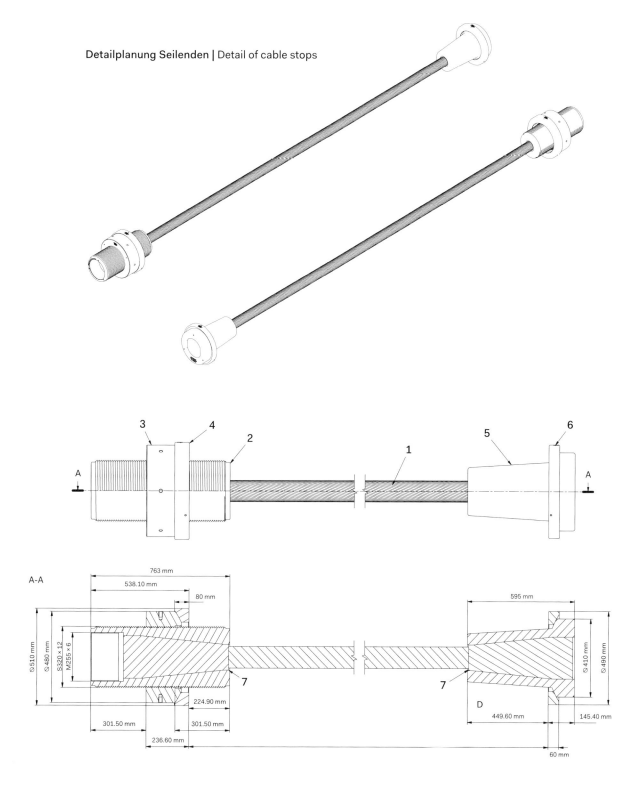

Seilkopf | Upper cable stop
Sphärischer Hammerkopf mit Scheibe, 3D-Ansicht
Spherical hammer head with disc, 3D view

Unteres Seilende | Lower cable stop
Zylindrische Hülse mit Innen- und Außengewinde,
sphärische Scheibe und Mutter, 3D-Ansicht

Cylindrical collar with internal and external thread,
spherical washer and nut, 3D view

Ansicht, Schnitt A-A | Elevation, section A-A

1 Seil | Cable

2 Zylindrische Vergusshülse mit Gewinde
Threaded cylindrical collar

3 Sphärische Rundmutter | Spherical round nut

4 Sphärische Scheibe | Spherical disc

5 Sphärischer Hammerkopf | Spherical hammer head

6 Sphärische Scheibe | Spherical disc

7 Vergussmaterial Zamak | Zamak casting alloy

Seilmontage vom Frühjahr bis in den Herbst 2019
Die Seile wurden gerollt auf Holzgerüsten per LKW auf die Baustelle geliefert und dann auf dem Stahlüberbau ausgelegt. Im Foto links sind die Gewindeenden der einzelnen Seile noch mit blauer Folie verpackt. Diese Gewinde werden nach dem Vorspannen der Seile mit einer Rundmutter in den dafür vorgesehenen Spannnischen im Überbau fixiert.

Spring to autumn 2019 – Cable installation
The prefabricated cables were delivered on site wound onto wooden transport rigs and then laid out on the steel super-structure. The threaded ends of the individual cables can be seen opposite, wrapped in protective blue foil. After pre-tensioning, the threaded elements are fixed with a spherical nut in the tensioning niches in the superstructure.

Seitenansicht Seilanschluss | Side elevation of lower cable anchorage

1 Randbleche im Überbau | Edge plates of the superstructure
2 Sphärische Mutter mit Scheibe | Spherical nut with washer
3 Übergangsstück | Filler piece
4 Seil | Cable
5 Spannnische | Tensioning niche
6 Entwässerung | Drainage hole
7 Rohr (Abmessungen siehe Folgeseite) | Tubular collar (dimensions see opposite page)
8 Seildämpfer | Cable vibration damper
9 Seilabdeckkappe | Cable cover piece

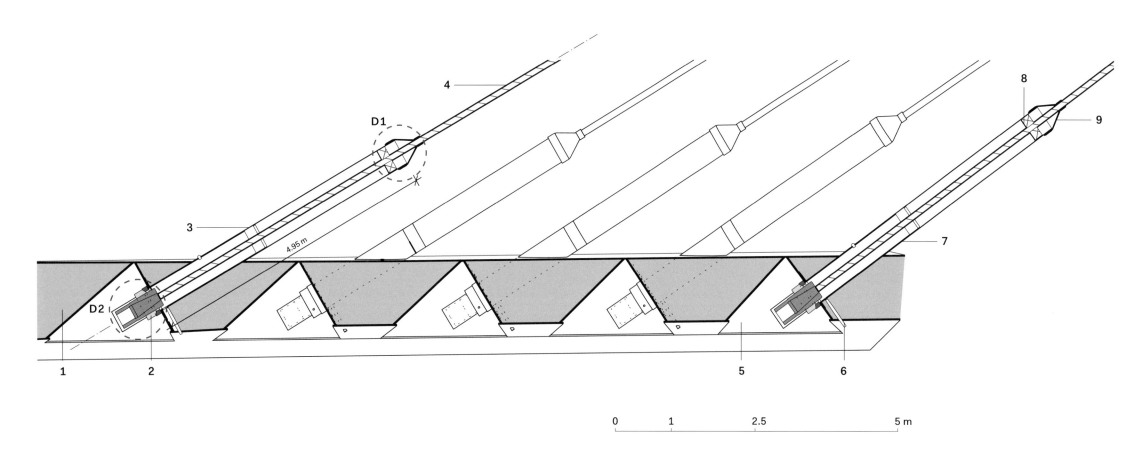

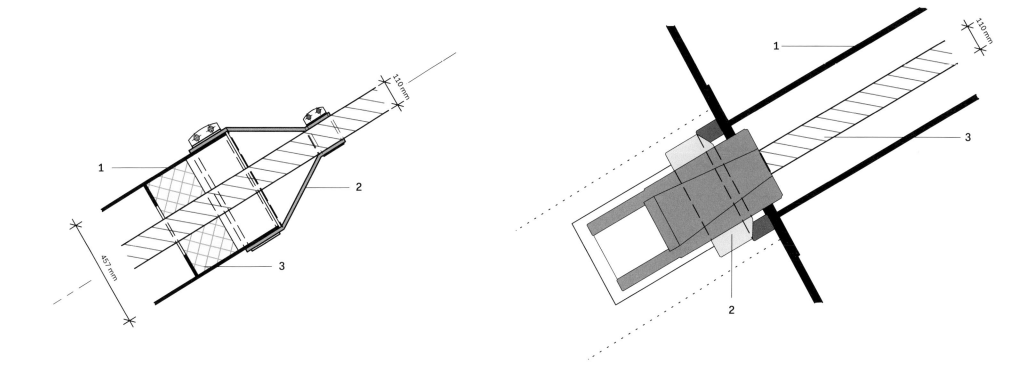

D1 Seilabdeckung | D1 Cable cover piece

1 Rohrprofil 457 × 10 (1.4571)
Schutzrohr unterer Seilanschluss
Tubular profile 457 × 10 (1.4571)
Protective collar for lower cable anchorage

2 Seilabdeckung | Cable cover

3 Seildämpfer | Cable vibration damper

D2 Seilanschluss | D2 Cable anchorage

1 Rohrprofil 457 × 10 (1.4571)
Schutzrohr unterer Seilanschluss
Tubular profile 457 × 10 (1.4571)
Protective collar for lower cable anchorage

2 Sphärische Mutter und Scheibe | Spherical nut and washer

3 Seil | Cable

Ein Mobilkran hängte die Seilköpfe in die Pylonköpfe (maximale Breite 3,90 Meter) ein. Die Seile wurden dann vorgespannt, womit ein Seildurchhang dauerhaft vermieden wird. Das gesamte Tragwerk ist für den Ausfall bzw. Wechsel eines Seils unter voller Verkehrslast ausgelegt.

The top end of the cable is hooked into the top of the pylon (maximum width 3.90 metres) with a mobile crane. The cables were then pre-tensioned to avoid cable sagging. The entire structure is designed to accommodate failure or replacement of a cable under full traffic load.

Das untere Seilende wird vor dem Seilanschlagspunkt im Überbau durch Rohrprofile gegen eventuelle spätere Beschädigungen, z. B. kollidierende Fahrzeuge, geschützt. Während der Montage sind übergangsweise Hölzer als Abstandshalter eingeschoben. Aus Gründen des Korrosionsschutzes ist der obere Teil der Rohrprofile aus Edelstahl, der untere aus Schwarzstahl. Jedes Seil wird nach seiner Montage sukzessive vorgespannt, bis der Überbau wortwörtlich „in den Seilen" hängt.

The lower end of the cable where it meets the bridge superstructure is protected against potential damage, for example from vehicle collisions, by a protective tubular collar. The upper section is stainless steel to prevent corrosion, the lower section regular steel, and during assembly, they are held apart by timber spacers. Once installed, each cable is successively pretensioned until the superstructure is literally hanging in the air.

Pylonkopf

Übersichtszeichnungen des Pylonkopfes mit Seileinhängungen. Der Seilkopf wird in eine Stahltraverse im geschlitzten Pylon eingehängt. Der Schlitz wird zu einem späteren Zeitpunkt mit einem Abdeckblech verschlossen.

Top of the pylon

Drawings of the top of the pylon head showing the cable anchorage points. The top end of the cable is hooked into a slotted seating in the pylon, and the open slot is later closed with a cover plate.

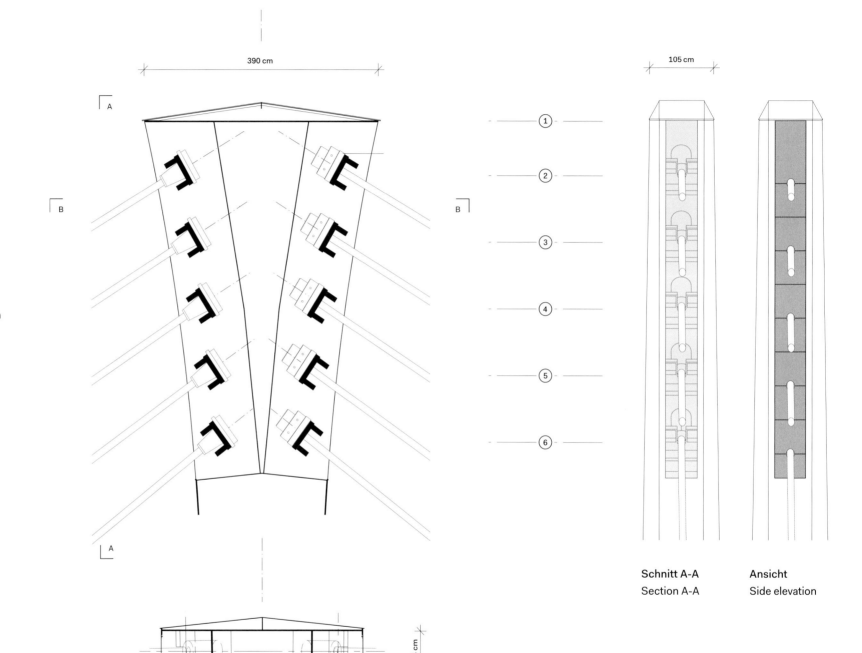

Schnitt B-B | Section B-B

Schnitt A-A
Section A-A

Ansicht
Side elevation

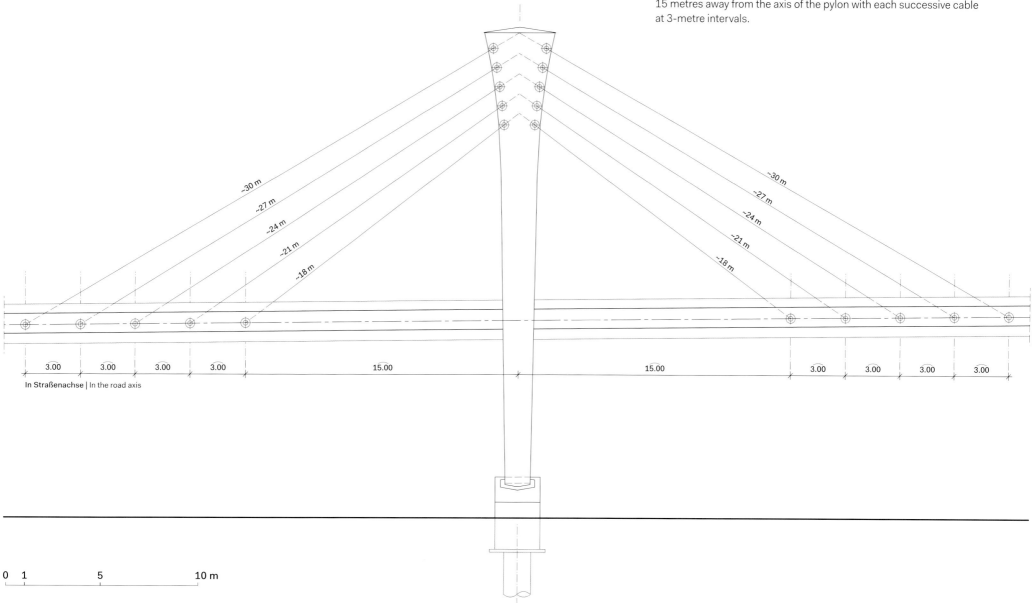

Schema der Seilabspannung in der Längsansicht

Jeder Pylon nimmt an seinem Kopf die Festanker der zehn Seile auf.
Der Abstand der Seile beträgt hier untereinander 1 Meter. Am Überbau ist das erste Seil 15 Meter von der Pylonachse entfernt befestigt,
der Abstand der restlichen Seile beträgt hier je 3 Meter.

Schematic longitudinal elevation of the stay cables

Each pylon has five cables fixed at the top on each side at 1 m intervals.
The lower ends are fixed to the superstructure. The first cable is fixed
15 metres away from the axis of the pylon with each successive cable
at 3-metre intervals.

~30 m
~27 m
~24 m
~21 m
~18 m

~30 m
~27 m
~24 m
~21 m
~18 m

3.00   3.00   3.00   3.00   15.00   15.00   3.00   3.00   3.00   3.00

In Straßenachse | In the road axis

0 1   5   10 m

Pylonoberteil mit den noch unverkleideten Seilköpfen
Upper part of the pylon before the cover plate is attached

Ein Tag im Juli 2020

Das Bodenpersonal und der Industriekletterer beim Aufbringen des Korrosionsschutzes der Seile. Ein ferngesteuerter Roboter klettert das straff gespannte Schrägseil hinauf. Restarbeiten erfolgten im Herbst 2020.

A summer day in July 2020

The ground crew and a professional climber apply corrosion protection to the cables. The coating is applied by a remote-controlled robot that climbs up the taut stay cable. Further finishing work took place in autumn 2020.

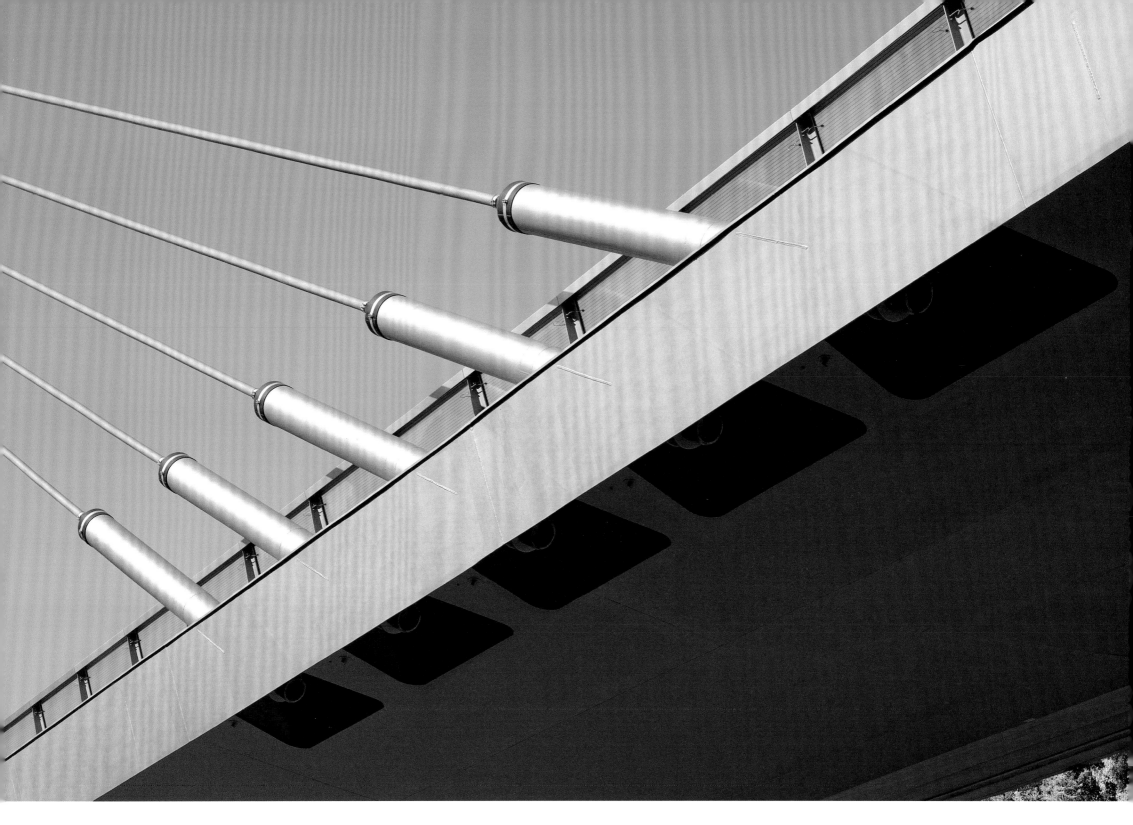

SOMMER | SUMMER 2021

Das Schlimmste wäre für uns ein ästhetisches Mittelmaß gewesen ...
We Wanted to Avoid Having an Aesthetically Mediocre Structure ...

Interview mit | with **Klaus Peter Söllner**
Landrat vom Landkreis Kulmbach | Chief Executive of Kulmbach District

CHRISTIAN BRENSING **Welche Aufgabe und welchen Wert erkennen Sie in der Schorgasttalbrücke?**

KLAUS PETER SÖLLNER Ich kenne das Bauwerk recht gut, da ich fast täglich auf dem Weg ins Kulmbacher Landratsamt an der Brücke vorbeifahre. Ferner war ich Mitglied der Auswahlkommission des geladenen Realisierungswettbewerbs für die Schorgasttalbrücke am 11. November 2010 bei der Regierung von Oberfranken in Bayreuth. Mit Vertretern des Bundesministeriums für Verkehr, der Obersten Baubehörde – dem heutigen Bayerischen Verkehrsministerium – und Gemeindevertretern diskutierten wir die Entwürfe, wobei wir ja nicht wussten, wer welchen Entwurf eingereicht hatte. Ich war von Anfang an vom Entwurf von BPR Dr. Schäpertöns Consult, SRP Schneider & Partner, SBR Schultz-Brauns & Reinhart Architekten begeistert, da sich dieser gestalterisch eindeutig von den anderen Vorschlägen absetzte. Am Ende der Sitzung votierten wir einstimmig für diesen Brückenschlag, obwohl einige Vertreter des Ministeriums skeptisch waren, was die Kosten anbelangte. Aber die haben sich dann auch durchaus nachvollziehbar entwickelt.

CB **Was bedeutet die Brücke in Bezug auf die Landschaft für Sie?**

KPS Die Brücke stellt mit ihrer Überquerung der Bahnlinie Kulmbach–Bayreuth und des Schorgasttals einen gravierenden Einschnitt in die Landschaft dar. Uns war seit Beginn des Realisierungswettbewerbs klar, dass nur ein ästhetisch hochstehendes Bauwerk an dieser Stelle infrage kommt. Das Schlimmste wäre für uns ein ästhetisches Mittelmaß gewesen, dies galt es zu verhindern. Mit der geschwungenen Leichtigkeit des Entwurfs von BPR Dr. Schäpertöns Consult fanden wir die bestmögliche Lösung für diese ökologische, ästhetische, wirtschaftliche und ingenieurtechnische Herausforderung.

CB **Welche Bedeutung hat die Brücke in der regionalen Verkehrsinfrastruktur?**

KPS Die B 289, die, von Kulmbach aus besehen, kurz hinter der künftigen Schorgasttalbrücke durch den Ort Untersteinach führt,

CHRISTIAN BRENSING **What is the function and significance of the Schorgasttal Bridge in your eyes?**

KLAUS PETER SÖLLNER I know the structure quite well as I drive by the bridge on my way to the district office in Kulmbach almost every day. In addition, I was a member of the selection panel for the invited realization competition for the Schorgasttal Bridge, held by the District Government of Upper Franconia in Bayreuth on 11 November 2010. We discussed the different entries with representatives of the Federal Ministry of Transport, the Supreme Building Authority – today the Bavarian Ministry of Transport – as well as representatives of the municipality. None of us knew who had handed in which design proposal. I was, from the first moment, completely enthused by the design proposed by BPR Dr. Schäpertöns Consult, SRP Schneider & Partner and SBR Schultz-Brauns & Reinhart Architekten. Their proposal clearly broke away from the other entries through its unique design expression. The session ended with a unanimous vote for this bridge structure, despite the fact that several of the Ministry's representatives were wary of the building costs. However, these evolved in a transparent and credible manner as the project progressed.

CB **What does the bridge mean to you in relation to the landscape?**

KPS The bridge crosses the railway line from Kulmbach to Bayreuth and the Schorgast River valley. As such it represents a significant intervention in the landscape. To us, it was clear from the inception of the competition that only a structure of high aesthetic quality was conceivable for this location. We wanted to avoid having an aesthetically mediocre construction. The elegantly curving shape and lightness of the design by BPR Dr. Schäpertöns Consult struck us as the best possible solution for the ecological, aesthetic, economic and engineering challenges the project presented.

CB **What impact does the bridge have on the regional traffic infrastructure?**

KPS In the past, The federal road B 289, viewed from the direction of Kulmbach, passes through the small town of Untersteinach

Klaus Peter Söllner

bezeichne ich immer als „Dorf-Autobahn". Seit Jahrzehnten leiden die Bewohner Untersteinachs unter einem übermäßigen Verkehrsaufkommen. Darin liegt der Grund für die Schorgasttalbrücke, die letztendlich eine Ortsumgehung darstellt. Mit dem Wegfall der innerdeutschen Grenze und dem dramatisch angewachsenen Verkehr nach Sachsen und Tschechien kam die B 289 schon in den 1990er Jahren an ihre Belastungsgrenze. Diese bedeutende Ost-West-Verbindung wird jetzt mit der Schorgasttalbrücke an einem entscheidenden Stück verkehrstechnisch aufgewertet. Auch die vielen jahrelangen Proteste der Anwohner haben letztlich gefruchtet. Glücklicherweise kam nach dem für uns positiven Wettbewerbsentscheid auch einige Jahre später der Raumfeststellungsbeschluss, mit dem die Brücke auch endgültig realisiert werden konnte. Für mich fallen hierin zwei entscheidende Dinge zusammen: a) dass eine Ortsumgehung gebaut wird und b), dass damit ein gestalterischer Höhepunkt in der Region geschaffen wird.

CB ... also ein Höhepunkt der Baukultur im Landkreis Kulmbach?

KPS In der Tat, es handelt sich um einen markanten Punkt in unserem Landkreis. Wenn man von Kulmbach kommt, sieht man von der Brücke die Burg Guttenberg und in umgekehrter Richtung die Plassenburg oberhalb von Kulmbach. Die Brücke selbst wird sicherlich zu einem neuen Wahrzeichen in unserer Region. Ein vergleichbares Brückenbauwerk dieser Ordnung und Dimension haben wir hier bisher nicht, das macht die Schorgasttalbrücke für uns in Oberfranken einzigartig. Die sechs Pylone, die den dynamischen Übergang des hier sehr malerischen Schorgasttals punktieren, sind einmalig. Sehr einfühlsam schwingt sich die Brücke durchs Tal. Die B 289 führt in diesem Bereich durch ein für den Naturschutz relevantes Gebiet. Hier galt es, für eine den Talraum überspannende Brücke sensible Lösungen zu finden. Ich bin sicher, dass die Schorgasttalbrücke das Potenzial hat, zu einem neuen Wahrzeichen in unserem Landkreis aufzusteigen.

shortly after the future Schorgasttal Bridge; it is like a freeway running through a village, as I have described it. For decades, the inhabitants of Untersteinach have been burdened by a disproportionate volume of traffic. That's why the Schorgasttal Bridge was built, for ultimately it is a bypass. In the 1990s, after the Inner German border ceased to exist, the B 289 had virtually reached saturation point due to a dramatic increase in through traffic towards Saxony and the Czech Republic. It became an important east-west connection, a crucial section that has now been strengthened thanks to the Schorgasttal Bridge. The numerous years-long protests of local residents, too, eventually bore fruit. Fortunately, after the success of the competition, the planning approval decision followed a few years later so that the bridge could finally be realized. For me, two crucial factors come together here: A, a bypass is being built, and B, the region is enhanced by a highlight of architectural design.

CB ... in other words, a highlight of Baukultur in the district of Kulmbach?

KPS The location is indeed a prominent one in our district. Coming from the direction of Kulmbach, you see Guttenberg Castle from the bridge and, as you look in the opposite direction, Plassenburg Castle reigning above Kulmbach. The bridge itself will surely become a landmark of our region. No bridge anywhere close is comparable in scale and dimensions; that's why the Schorgasttal Bridge is so unique in Upper Franconia. The six pylons marking the dynamic crossing of this particularly scenic section of the Schorgasttal valley are stunning. The bridge swings through the valley very gently. As the B 289 here passes through an area where nature conservancy aspects play a role, it was necessary for the intended bridge to span the valley in a sensitive manner. I'm firmly convinced the Schorgasttal Bridge is destined to become a new landmark of our district.

154

Von der Bürgerbewegung zum Bauwerk
From Citizens' Initiative to Bridge Bypass

Interview mit | with **Volker Schmiechen**   Erster Bürgermeister der Gemeinde Untersteinach | Mayor of Untersteinach

CHRISTIAN BRENSING Wie und wann entstand der Wunsch für eine Ortsumgehung? War die Brückenlösung die einzige Variante?

VOLKER SCHMIECHEN Das Projekt der Ortsumgehung Untersteinach begann schon vor einigen Jahrzehnten. Bereits in einem ersten Vorentwurf des gemeindlichen Flächennutzungsplanes war eine Trasse für die geplante Ortsumgehung enthalten, und zwar der Entwurf vom 24. Juli 1970. Damals plante man mit fünf verschiedenen Varianten, davon zwei Varianten entlang der Bahn. Bis auf eine Variante wurden alle anderen möglichen Trassenführungen vom Staatlichen Bauamt verworfen. Beim Raumordnungsverfahren Ende der 1990er Jahre wurde die jetzige Brücken-/ Straßenführung durch den damaligen Gemeinderat beschlossen. Die Brückenlösung stellte dann aufgrund der schwierigen geologischen Bedingungen die einzig verbliebene mögliche Variante dar und wurde im Jahr 1997 mit gleichzeitiger Forderung nach Lärmschutzmaßnahmen für Untersteinach in die landesplanerische Beurteilung mit aufgenommen.

Schon damals stieg das Verkehrsaufkommen in der Ortsdurchfahrt Untersteinach stark an, schließlich auf ca. 14.000 bis 18.000 Fahrzeuge am Tag, ca. 20 Prozent davon war Schwerlastverkehr. Der dadurch verursachte Lärm und die Verschmutzungen waren für die Anwohner extrem. Als Lösung wurde von meinem Amtsvorgänger eine Tempo-30-Zone oder ein Nachtfahrverbot für LKW angedacht. Dergleichen ließ sich aber nicht realisieren, da es sich bei der B 289 um eine viel befahrene Bundesstraße handelt.

CB Wie organisierten sich die Bürger und Bürgerinnen von Untersteinach und Sie sich?

VS Der gesamte Plan der Ortsumgehung von Untersteinach wurde parteiübergreifend von einer Bürgerbewegung vorangebracht. Der Großteil der Bevölkerung Untersteinachs, aber auch der ebenso vom Fahrzeugverkehr betroffene Nachbarort Kauerndorf unterstützten die Bewegung. Einmal wurde sogar mithilfe eines Fackelzugs, verbunden mit einer Liveberichterstattung im Bayerischen Rundfunk, auf die widrigen Umstände in Untersteinach

CHRISTIAN BRENSING How and when did the desire for a bypass arise? Was the bridge solution the only option?

VOLKER SCHMIECHEN The Untersteinach bypass project took its beginnings several decades ago. A route for the planned bypass was already included in a first preliminary draft of the municipal land use plan, namely the draft of 24 July 1970. At that time the planning authorities were considering five different options, two of which followed a route along the railroad. Except for one option, all other possible routes were rejected by the State Building Authority. When the regional planning procedure was conducted towards the end of the 1990s, the Municipal Council decided in favour of the current bridge/road route. Due to the difficult geological conditions, the bridge solution represented the only remaining possible option and was included in the regional planning assessment in 1997; this was also when the need for noise protection measures for Untersteinach was formally entered into the planning documents.

By that time the traffic volume on the Untersteinach through-road had risen sharply, reaching approx. 14,000 to 18,000 vehicles per day, approx. 20 per cent of which were heavy trucks. Obviously, this caused extreme noise and air pollution for the residents. As a solution, my predecessor considered a 30 km/h speed zone or a ban on nighttime driving for trucks. However, given that the B 289 is a busy federal highway, it was not possible to implement such measures.

CB How did the citizens of Untersteinach and yourself as representative of the village organize to move the bypass project forward?

VS The entire plan for the Untersteinach bypass was advanced across party lines by a citizens' initiative. The majority of the population of Untersteinach, including the neighbouring village of Kauerndorf, which was equally affected by the traffic, supported the initiative. On one occasion, citizens actually organized a torchlight procession to raise public awareness of the adverse circumstances in Untersteinach; the event was reported live on Bavarian television. Additionally, the initiative sent signature lists to the Federal Ministry of Transport, demanding a rapid realization of the bypass road.

Volker Schmiechen

aufmerksam gemacht. Ebenso wurden Unterschriftenlisten mit der Forderung einer raschen Realisierung der Ortsumgehung an das Bundesverkehrsministerium übersandt. Daraus resultierend wurden im Planfeststellungsverfahren von Anfang an beide Ortschaften zusammen berücksichtigt. Aber auch die Politik leistete ihren Beitrag. Besonders möchte ich hierbei Frau Emmi Zeulner, Bundestagsabgeordnete für den Wahlkreis Kulmbach, zu dem auch Lichtenfels und Bamberg-Land gehören, hervorheben, die buchstäblich die Ärmel hochkrempelte und den Weg für die Brücke freimachte. Und selbstverständlich gilt dies auch für den für die Ortsumgehung kämpfenden Landrat Klaus Peter Söllner. Vom Bayerischen Staatsminister des Innern, Herrn Joachim Herrmann, kam zudem der Vorschlag, die Ortsumfahrung Untersteinach finanziell von Kauerndorf zu trennen, was die Projektfinanzierung vereinfachte und letztlich auch zur Umsetzung führte.

CB **Waren Sie an dem Verfahren der Brückenauswahl und an etwaigen weiteren Entscheidungen beteiligt und welchen Standpunkt vertraten Sie?**

VS Da ich erst seit 2014 Erster Bürgermeister von Untersteinach bin, war ich leider nicht an den Entscheidungen über die Schorgasttalbrücke beteiligt. Allerdings konnte ich aufgrund meiner früheren Position als Gemeinderatsmitglied die wesentlichen Entwicklungen mitbegleiten. Meine Begeisterung für den ersten Preisträger, die meines Erachtens optisch schönste Brücke, teilte ich mit Heinz Burges, dem damaligen Ersten Bürgermeister von Untersteinach, und mit Landrat Klaus Peter Söllner. Beim ersten Spatenstich äußerte ich, dass diese sehr filigrane Brückenstruktur den zwangsläufigen Eingriff in die Natur erleichtere und sich für das Auge sehr gefällig darbiete. Salopp gesagt, die Brücke ist nicht zum Wegschauen! Daher überraschte es mich nicht, als ich hörte, dass das Votum für diesen Entwurf einstimmig ausgefallen war. Abschließend möchte ich noch eins betonen: Zu allen Zeiten zogen alle meine Vorgänger auf dem Untersteinacher Bürgermeisteramt am gleichen Strang und kämpften für die Ortsumgehung bzw. die Schorgasttalbrücke.

As a result of these actions, from the very start both villages were considered together in the planning approval procedure. The politicians, too, made their contribution. I would like to mention especially Ms. Emmi Zeulner, Member of the Bundestag for the constituency of Kulmbach, which includes Lichtenfels and Bamberg-Land, who literally rolled up her sleeves to pave the way for the bridge. The same applies to District Administrator Klaus Peter Söllner, who likewise fought for the bypass. The Bavarian Minister of the Interior, Mr. Joachim Herrmann, suggested separating the Untersteinach bypass financially from Kauerndorf, which simplified project financing and ultimately led to the implementation of the project.

CB Were you personally involved in the bridge selection process as well as other decisions, and what was your stance?

VS I have only been Mayor of Untersteinach since 2014, so unfortunately I was not involved in the decisions on the Schorgasttal Bridge. However, due to my previous position as a member of the Municipal Council, I was able to follow the main developments. I shared the enthusiasm for the first-prize winner, who in my opinion had clearly designed the most visually beautiful bridge, with Heinz Burges, who was then Mayor of Untersteinach, and with District Administrator Klaus Peter Söllner. At the groundbreaking ceremony, I commented that this delicate bridge structure made it easier to accept the inevitable intervention in nature, and how pleasing it was to the eye as a structure. To put it bluntly, the bridge is the very opposite of an eyesore! Therefore, I was not surprised when I heard that the vote for this design had been unanimous. Finally, I would like to emphasize one thing: at all times, all my predecessors in the Untersteinach mayor's office pulled together and fought for the bypass and the Schorgasttal Bridge respectively.

CB **Wie verlief aus Ihrer Sicht die Planungs- und vor allem die Bauzeit?**

VS Mich freute zunächst, dass die vom Staatlichen Bauamt vorgegebene Bauzeit eingehalten wurde. Wenn irgendetwas während dieser Zeit zu regeln war, so bekamen wir dies schnell und unbürokratisch auf dem direkten Dienstweg hin. Außerdem war uns der Wettergott hold, alles lief glatt und ohne größere Verzögerungen. Das Ergebnis spricht für sich.

CB **Hat die am 10. Dezember 2020 eröffnete Brücke die Erwartungen der Bürger und Bürgerinnen sowie Ihre erfüllt?**

VS Zuallererst möchte ich bemerken, dass die Eröffnung der Brücke bzw. die Freigabe der Ortsumgehung ein sehr bewegender und unvergessener Moment für mich war. Aus vielen persönlichen Gesprächen weiß ich, dass die meisten Untersteinacher Bürgerinnen und Bürger dies ebenso empfunden haben. Es gab natürlich auch Bürger und Bürgerinnen, die gegen das Projekt waren, die z. B. den Eingriff in die Natur kritisierten. Auch ich, der am Eichberg etwas oberhalb von Untersteinach wohnt, höre jetzt Fahrgeräusche, die trotz der gläsernen Lärmschutzwände ab und zu heraufgetragen werden (je nachdem, aus welcher Richtung der Wind kommt). Dennoch, die Lärmschutzmaßnahmen greifen, und insgesamt steht all dies nicht im Verhältnis zu den Belastungen, die die Untersteinacher viele Jahrzehnte erdulden mussten. Der Ort ist jetzt ruhig, vielleicht zu ruhig, aber jetzt kann und wird Untersteinach erst einmal durchatmen und sich von der jahrzehntelangen starken Lärmbelästigung erholen. Aber Untersteinach ist nicht vom Rest der Welt abgeschnitten, weil keiner mehr durchfährt. Für die nächsten Jahre haben wir bereits konkrete Pläne und Vorstellungen, wie die alte „Autobahn" durch Untersteinach zurückgebaut werden kann. Im Zuge der Untersteinacher Dorferneuerung lege ich dabei besonderen Wert auf eine Verschönerung. Die malerische alte Sandsteinbrücke von 1820/40 (seit 1974 wurde sie nicht mehr für den Durchgangsverkehr benutzt) über die Schorgast soll wieder mit eingebunden werden. Pläne dazu reifen in mir, und wir werden hoffentlich in drei bis vier Jahren das Projekt „Dorferneuerung" angehen können.

CB How did the planning and the construction progress from your point of view?

VS First of all, I was very pleased that the bridge was completed within the construction time calculated by the State Building Authority. If there was anything that needed to be sorted out during this time, we were able to do so quickly and without much red tape through direct official channels. In addition, the weather gods were kind to us and everything went smoothly and without any major delays. The result speaks for itself.

CB Did the bridge, which opened on 10 December 2020, meet your and the citizens' expectations?

VS Let me begin by saying that the opening of the bridge and the bypass was a very moving and unforgettable moment for me. I know from many personal conversations that most of the citizens of Untersteinach felt the same way. Naturally, there were also people who were against the project, who criticized the damage to nature, for example. Even now, I occasionally still hear road noise carried on the wind (depending on which way the wind blows), and I live further up the Eichberg hill. Still, the measures to reduce the noise are taking effect, and all in all, none of this is comparable to the burden that the people of Untersteinach had to endure for many decades. The village is now a much quieter place, sometimes too quiet, but it is good that Untersteinach can and will take a breath and recover from decades of heavy noise pollution. And the village is in no way cut off from the rest of the world just because it is no longer part of people's daily commute. We already have concrete plans and ideas for the next few years as to how the old "motorway" through Untersteinach can be transformed. A process of renewal is in planning and I attach particular importance to beautifying our village. For example, we want to reintegrate the picturesque old sandstone bridge over the Schorgast from 1820/40, which has been closed for through traffic since 1974. Plans for this are ripening in me and hopefully we will be able to tackle the "village renewal" project in three to four years.

Überbau Beton | Concrete Deck

Die Festigkeit und Belastbarkeit von Beton in der Kombination mit Stahl ist legendär. In der Geschichte des Brückenbaus wurden einige der spektakulärsten Brücken ausschließlich aus diesem Materialmix errichtet. Das Gesamtbauwerk Schorgasttalbrücke erlaubt dem klassischen Baumaterial Stahlbeton allerdings nur in der Galerie, sich in voller Wirkung zu entfalten. Die Brücke selbst verdeckt den Stahlbeton der Fahrbahndecke unter einer dicken Schicht Asphalt, nur die Kappen sind nach der Fertigstellung als Betonbauteile noch klar erkennbar. In diesem Dialog der Baumaterialen, zwischen dem optisch schweren Stahlbeton der Galerie und dem leichter wirkenden Stahlbau des Brückenüberbaus, steckt viel von der gestalterischen Raffinesse der Schorgasttalbrücke.

Das Brückendeck bzw. der Fahrbahnträger besteht bei Schrägseilbrücken häufig aus aerodynamisch ausgebildeten, flach gehaltenen Stahlkästen. Bei der Schorgasttalbrücke wurde eine bewehrte Betondecke darauf betoniert. Es handelt sich also hier um eine konventionelle Stahl-Beton-Verbundkonstruktion. Charakteristisch für diese Verbundbauweise ist, dass zwei Baumaterialien wirtschaftlich und konstruktiv vorteilhaft mithilfe von unzähligen Kopfbolzendübeln als Bewehrung verbunden werden. Diese Art von Verbund gewährleistet im besten Fall, dass der Stahl mit einer sehr hohen Zugspannung beansprucht werden kann, während der Beton, der über eine extrem hohe Druckfestigkeit verfügt, eben die Druckkräfte übernimmt.

The strength and load-bearing capacity of concrete in combination with steel is legendary, and in the history of bridge building, this mix of materials has been used to build some of the most spectacular bridges. In the Schorgasttal Bridge, traditional reinforced concrete is only visible to full effect in the gallery structure. While it also features in the bridge deck, the reinforced concrete is concealed beneath a thick layer of asphalt. Only the raised verges on either side are still clearly recognizable as concrete components in the final bridge. The design of the bridge is characterized by this dialectic of materials in the interplay of the visually massive reinforced concrete gallery structure and the comparatively lightweight appearance of the oversailing steel bridge superstructure.

The bridge decks of cable-stayed bridges are frequently constructed as aerodynamically formed flat steel box sections. In the case of the Schorgasttal Bridge a concrete deck was cast over them. This conventional steel-concrete composite construction has the characteristic advantage of being economical to construct while exploiting the respective qualities of the two materials by linking them to one another via numerous head bolt dowels as reinforcement. At its best, this form of connection ensures that the steel can be subjected to a very high tensile stress, while the concrete, one of whose properties is extreme compressive strength, accordingly takes on the compressive forces.

Herstellung der Fahrbahnplatte

Ab dem Frühjahr 2020, nachdem die Seile eingebaut und vorgespannt waren, erfolgte das Einbauen der Bewehrung und schließlich das abschnittsweise Betonieren der Fahrbahnplatte im sogenannten Pilgerschrittverfahren. Dies bedeutet, dass die Fahrbahnplatte nicht kontinuierlich, sondern in Vor- und Rückschritt in 13 Betonierabschnitten hergestellt wurde.

Production of the roadway deck

In spring 2020, after the cables had been installed and prestressed, the deck reinforcement was installed, and the roadway slab was finally cast in sections using the so-called pilgrim step method. This means that the concrete deck was not produced continuously, but in forward and backward steps in 13 concreted sections.

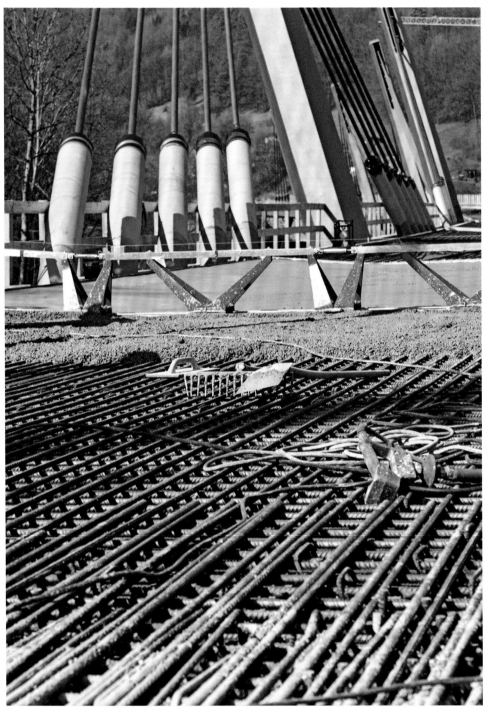

Die Wahl des Pilgerschrittverfahrens beim Betonieren von Stahlbeton-Fahrbahnplatten begründet sich im Fall einer Stahlverbundbrücke darin, dass sich beim abschnittsweisen Herstellen der Platte die Gefahr der Rissbildung minimieren lässt, gerade im Stützenbereich über den Pfeilern, wenn die Feldbereiche vorab betoniert werden. Im Bild auf der rechten Seite sind die Betonierabschnitte gut erkennbar.

For steel composite bridges, the pilgrim step method for casting reinforced concrete deck slabs has the advantage of minimizing the risk of cracking that could otherwise occur, especially in the region of the supports above the piers, if the midspan sections are not cast first. The photo on the facing page shows the separate concreted sections.

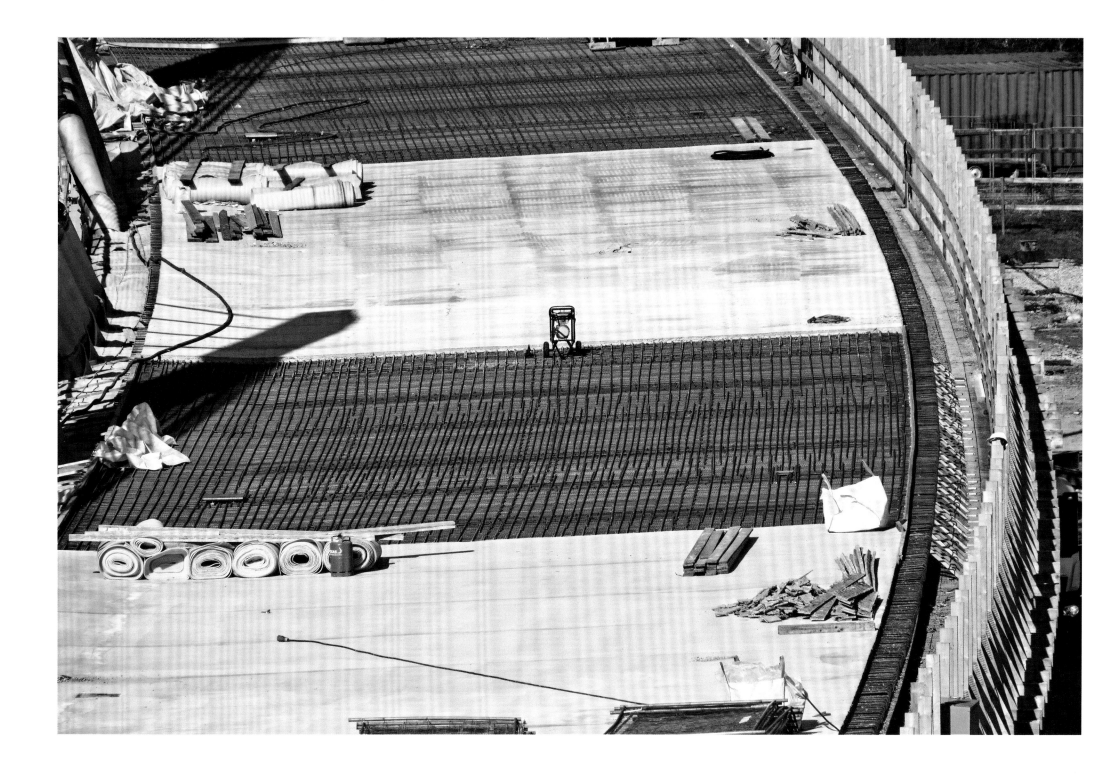

Brückenkappen sind die nicht befahrbaren Randausbildungen des Überbaus, die auch als Schrammbord bezeichnet werden. Hier ist dies ein Granitbordstein, der im Beton der Kappe rückverankert ist.

The raised verges at each side of the roadway deck are exposed concrete and are separated from the roadway by granite safety curbs anchored to the concrete.

Nach dem Betonieren der Fahrbahnplatte wird diese mit Bitumenbahnen abgedichtet, um später den Zutritt von chloridbelasteten Wässern zum Beton zu verhindern. Ansonsten würden diese die Bewehrung korrodieren.

After the concrete deck was cast, it was sealed with bitumen sheets to prevent chloride-rich water penetrating the concrete and corroding the reinforcement bars.

Brückenuntersicht, Sommer 2020
Der Ausbau ist weit vorangeschritten, deutlich zu erkennen das hölzerne Arbeitsgerüst für die Betonierung der Brückenkappe.

Underside of the bridge in summer 2020
The construction process is by now advanced. On the right, one can see the timber scaffolding for casting the concrete verges of the roadway.

Asphaltierung der Fahrbahnplatte, Herbst 2020

Knapp 500 Tonnen Asphalt wurden innerhalb von
sechs Tagen auf die Fahrbahn aufgebracht.

Der 8 Zentimeter dicke Fahrbahnaufbau setzt sich
folgendermaßen zusammen:
4 Zentimeter Deckschicht Splittmastixasphalt
3,50 Zentimeter Schutzschicht Gussasphalt
0,50 Zentimeter Abdichtung
(gem. ZTV-ING Teil 7-1)

Asphalting the roadway deck in autumn 2020

Almost 500 tonnes of asphalt were laid on
the roadway over a period of just six days.

The 8-centimetre-thick roadway construction
comprises the following layers:
4-centimetre stone mastic asphalt surface
3.50-centimetre protective layer of poured asphalt
0.50-centimetre waterproof layer
(as per ZTV-ING Part 7-1)

Lärmschutz und Absturzsicherung
Um das schlanke Profil der Brücke zu unterstreichen, entschied man sich, sowohl den nordseitigen Lärmschutz als auch die südliche Absturzsicherung als Stahl-Glas-Konstruktion transparent zu gestalten.

Noise barriers and safety railing
To avoid compromising the slender edge profile of the bridge, the noise barriers along the northern edge and safety railings along the southern edge were designed as transparent steel and glass constructions.

Anschluss und Einschnitt
Approach and Cutting

Der größte Teil der fast 5 Kilometer langen neuen Umgehungsstraße von Untersteinach ist geprägt von der Auffahrt zur Brücke über die Galerie, die Talbrücke und den fast 600 Meter langen steilen Geländeabschnitt am östlichen Brückenwiderlager sowie das neue Verkehrskreuz zwischen der B 289 und der B 303.

Dieser Geländeeinschnitt steht im starken Gegensatz zur Schorgast- talbrücke, die aufgrund ihres geschwungenen Verlaufs, ihrer geringen Fahrbahnhöhe, ihres schlanken Profils und der markanten Pylone sehr harmonisch in das Tal eingebettet ist. Dagegen schneidet die weitere Trassierung der B 289 von der Brücke kommend das Gelände mit steilen Flanken ein, fast wie ein „negative space" einer Land-Art-Skulptur.

Der Einschnitt kontrastiert mit dem weichen und bewaldeten Verlauf der umliegenden Hügel, die sehr zum malerischen Eindruck des Schorgasttals beitragen. Die steil abfallenden Böschungen beiderseits der Fahrbahn sind zwar begrünt, aber nicht intensiv bepflanzt – eine Tatsache, die dem Streckenverlauf eine zusätzliche Präzision verleiht.

The greater part of the new, almost 5-kilometre-long Untersteinach bypass consists of the approach to the bridge over the gallery, the viaduct and the almost 600-metre-long steep-sided cutting in the terrain at the east end of the bridge, and the new traffic junction between the B 289 and B 303.

In contrast to the Schorgasttal Bridge, which with its arcing path, low roadway height, slender profile and distinctive pylon harmonises well with the valley, the continuation of the B 289 after the bridge instead slices uncompromisingly through the terrain, its steep-sided flanks creating a negative space reminis- cent of a land-art sculpture.

The nature of the cutting contrasts starkly with the soft, wooded forms of the surrounding hills that enclose the picturesque Schorgasttal valley. While the steep-sided slopes on either side of the road are greened, they are not intensively planted – heightening the sense of precision with which the roadway passes through the terrain.

Galerie und westlicher Brückenteil mit abgeschlossenem Stahlbau,
August 2019

The gallery and western section of the bridge after completion
of the steel construction in August 2019

Östlicher Brückenteil und Einschnitt, hinten das Verkehrskreuz
zwischen der B 289 und der B 303, August 2019

Eastern end of the bridge and cutting in August 2019.
Visible behind it is the junction of the B 289 and B 303.

Zukünftiger Anschluss der Galerie an den bis-
herigen Straßenverlauf der B 289. Im linken Bild
erkennbar sind die betonierten Bohrpfähle mit
Anschlusseisen für die Lärmschutzwand der
Ortseinfahrt Untersteinach-West, die zukünftige
westliche Straßenabzweigung in die Ortschaft.

Preparation of the exit road to join the existing
B 289 federal road at the west end of the village.
On the opposite page one sees the concrete bored
piles with projecting reinforcement bars that will
connect to the noise barrier from the bridge.

Auf der nördlichen Seite bedingte der Bau der Galerie eine
temporäre Verlegung der B 289 hinsichtlich der Ortseinfahrt
nach Untersteinach. Baustellenfahrzeuge nutzen bereits den
Fahrbahnoberbau und den Überbau der Galerie.

On the north side, the construction of the railway gallery
necessitated the temporary rerouting of the existing B 289
road into Untersteinach. Construction vehicles are already
using the new roadway over the bridge and gallery.

Blick auf die Brückenbaustelle vom Rücken des südlich benachbarten Hügels, wo der massive Geländeeinschnitt für den weiteren Verlauf der B 289 beginnt

View of the bridge construction site from the ridge of the neighbouring hill to the south, where the massive cutting for the continuation of the B 289 begins

Gewaltige Erdmassen mussten für den fast 600 Meter langen und 25 Meter tiefen Geländeeinschnitt bewegt werden. Die große Tiefe bedingt auch eine beträchtliche obere Breite. Bei der sonst üblichen Böschungsneigung von 1:1,5 wären das etwa 90 Meter. Der anstehende obere Muschelkalk ermöglicht jedoch aufgrund seiner inneren Standfestigkeit eine Ausbildung der Neigung von 1:1, was die Einschnittbreite auf maximal 65 Meter reduzierte.

Vast quantities of earth and rock had to be removed for the almost 600-metre-long and 25-metre-deep cutting in the terrain. Its great depth entails a correspondingly large upper width – at a typical batter gradient of 1:1.5, around 90 metres. The structural integrity of the high-lying shell limestone at this point, however, made it possible to increase the gradient to 1:1, shortening the upper width of the cutting to 65 metres.

Da die steil abfallenden Böschungsoberflächen durch starke Kleinklüftungen im Muschelkalk anfällig für Steinschlag sind, wurden als Sicherungsmaßnahme konstruktiv vernagelte Raumgitterpaneele aufgebracht.

Due to the high degree of small fissures in shell limestone, such steep-sided slopes are more susceptible to rockfall. To prevent this, 3D screen mesh panels were fixed to the slope surface with soil nails to stabilize the slope.

DAS FERTIGE BAUWERK
THE FINISHED STRUCTURE

Unter Verkehr | In Operation

Der Freistaat Bayern investiert im Jahr durchschnittlich 1,2 Milliarden Euro in den Erhalt und den Bau von Straßen wie auch der dazugehörigen Bauwerke wie Brücken oder Tunnel. Diese wahrhaft stattliche Summe steht für 20.500 Kilometer Bundesstraßen und Staatsstraßen einschließlich der rund 11.500 Brückenbauwerke zur Verfügung. Dabei liegt die Hauptaufgabe der Bayerischen Straßenbauverwaltung, die im Landkreis Kulmbach vom Staatlichen Bauamt in Bayreuth wahrgenommen wird, darin, Mobilität zu gewährleisten und zu prognostizieren. In diesen Aufgabenbereich fallen beim Straßenbau im Wesentlichen Kapazitätserweiterungen, der Bau von Ortsumgehungen und Maßnahmen zur Verbesserung der Verkehrssicherheit.

Erste Konzepte zur Umgehung der Ortschaften Untersteinach und Kauerndorf gehen bis in die 1970er Jahre zurück. Seitdem hat das Verkehrsaufkommen auf der B 289 immer mehr zugenommen.

The Free State of Bavaria invests an average of 1.2 billion euros per year in the maintenance and construction of roads and associated structures such as bridges or tunnels. This impressive sum must cover some 20,500 kilometres of local and national roads along with 11,500 bridge structures. The main task of the Bavarian Highways Authority – the responsible sub-authority for the district of Kulmbach is the State Building Authority in Bayreuth – is to ensure and forecast mobility. In terms of road construction, this mostly involves expanding capacity, constructing bypasses and measures to improve road safety.

The first concepts for a bypass around the villages of Untersteinach and Kauerndorf date back to the 1970s. Since then, the volume of traffic on the B 289 has increased steadily.

Die Bundesstraße 289 ist eine der wichtigsten Ost-West-Verkehrsverbindungen Oberfrankens, so unter anderem auch der Autobahnzubringer für den Raum Kulmbach. Die tägliche Verkehrsauslastung der Tangente bei der Ortschaft Untersteinach liegt heute bei ca. 20.000 Fahrzeugen. Die neue Ortsumfahrung über die Schorgasttalbrücke bringt eine deutliche Entlastung der Ortsdurchfahrt Untersteinach vom Durchgangsverkehr. Demzufolge hat sich die Lebens- und Aufenthaltsqualität in der Ortschaft erhöht. Die Anwohner und Anwohnerinnen werden nicht mehr durch Lärm und Luftverschmutzung, die mit sich stauendem Verkehr einhergehen, belästigt.

Im Dezember 2020 wurde die Schorgasttalbrücke für den Verkehr freigegeben. Mit seiner geschwungenen Querung des Schorgasttals und sensiblen ästhetischen Gestaltung passt sich das Bauwerk harmonisch in die Landschaft ein. Eine Folge ist nicht zuletzt, dass die Verkehrsbelastung der stark befahrenen Bundesstraße von den Untersteinachern kaum noch wahrgenommen wird. Eine verglaste Lärmschutzwand auf der ortszugewandten Seite erfüllt zudem ihren Zweck. Wie eine lokale Tageszeitung schon kurz vor der Eröffnung schrieb, ist die Schorgasttalbrücke „das neue Wahrzeichen von Untersteinach und ein weiteres Aushängeschild im Landkreis Kulmbach, für die ganze Region" geworden.

The federal highway B 289 is one of the most important east-west traffic arteries in Upper Franconia and is a key feeder road to the motorway for the Kulmbach region. Currently, around 20,000 vehicles pass by the village of Untersteinach every day. The new bypass over the Schorgasttal Bridge therefore significantly reduces through-traffic crossing the locality and as a result quality of life and of the outdoor spaces in the village has improved considerably. No longer do the villagers have to endure traffic jams, traffic noise and air pollution.

In December 2020, the Schorgasttal bridge was opened to traffic. With its elegant design and curved path across the valley, the structure fits harmoniously into the landscape. As a result – and thanks to a glazed noise barrier on the side facing the village – the residents of Untersteinach hardly notice the considerable volume of traffic passing along the traffic artery. As a local daily newspaper wrote shortly before the opening, the Schorgasttal Bridge has become "the new landmark of Untersteinach and another representative symbol for Kulmbach and the entire region".

Altbürgermeister Heinz Burges, Brückenplaner Bernhard Schäpertöns, Kommunalpolitiker Alfred Vießmann und Bürgermeister Volker Schmiechen nach der Verkehrsfreigabe am 10. Dezember 2020. Coronabedingt fand die Freigabe in einem kleinen Kreis statt.

The former mayor Heinz Burges, bridge designer Bernhard Schäpertöns, local politician Alfred Vießmann and the mayor Volker Schmiechen at the formal opening of the bridge on 10 December 2020. Due to COVID restrictions, only a few people could take part in the opening.

HERBST | AUTUMN **2022**

Bernhard Schäpertöns

1963 Geboren und aufgewachsen in Dortmund, Westfalen.
1984–1995 Studium des Bauingenieurwesens an der TU München; Wissenschaftlicher Mitarbeiter bei Professor Wunderlich am Lehrstuhl für Statik; Promotion: *Über die Wellenausbreitung im Baugrund und deren Einfluss auf das Tragverhalten flüssigkeitsgefüllter Behälter*, dafür Auszeichnung mit dem Finsterwalder-Preis.
1995–2005 Mitarbeiter und leitender Angestellter erst in einem kleineren, dann in einem größeren Büro in den Bereichen Tragwerksplanung und konstruktiver Ingenieurbau. 2005 Gründung der späteren BPR Dr. Schäpertöns Consult GmbH & Co. KG zunächst in München, dann mit Standorten in Augsburg, Bad Reichenhall, Berlin, Cham, Dresden, Frankfurt am Main, Halle an der Saale, München, Nürnberg, Regensburg und Traunstein. 2010 Entwurfsidee für die Schorgasttalbrücke und Wettbewerbsgewinn mit Werner Kuhnlein, Otto Schultz-Brauns und Armin Reinhart.
2014 Beteiligung an der SRP Schneider & Partner Ingenieur-Consult GmbH, Kronach. 2015 Überkreuzbeteiligung mit der ZWP Ingenieur-AG, Köln; Beteiligung an der Dünser.Aigner.Kollegen Ingenieurplanungsgruppe GmbH, München. 2019 Beteiligung an der BS Schwarzbart Ingenieure GmbH & Co. KG, Frankfurt am Main.
2020 Verkehrsfreigabe der Schorgasttalbrücke.

1963 Born and raised in Dortmund, Westphalia.
1984–1995 Studied civil engineering at the Technical University of Munich; Research assistant under Professor Wunderlich at the Chair of Statics; Doctorate on wave propagation in subsoil and its influence on the load-bearing behaviour of liquid-filled tanks, for which he was awarded the Finsterwalder Prize.
1995–2005 Employee and senior manager first in a smaller, then in a larger office in the fields of structural design and structural engineering. 2005 Founding of the later BPR Dr. Schäpertöns Consult GmbH & Co. KG, initially in Munich, then with offices in Augsburg, Bad Reichenhall, Berlin, Cham, Dresden, Frankfurt am Main, Halle an der Saale, Munich, Nuremberg, Regensburg and Traunstein. 2010 Design of the Schorgasttal Bridge and competition win together with Werner Kuhnlein, Otto Schultz-Brauns and Armin Reinhart. 2014 Shareholding in SRP Schneider & Partner Ingenieur-Consult GmbH, Kronach. 2015 Cross-shareholding with ZWP Ingenieur-AG, Cologne; Shareholding in Dünser.Aigner.Kollegen Ingenieurplanungsgruppe GmbH, Munich. 2019 Shareholding in BS Schwarzbart Ingenieure GmbH & Co. KG, Frankfurt am Main. 2020 Opening of the Schorgasttal Bridge for traffic.

Oliver Kleinschmidt

1965 Geboren und aufgewachsen in Wuppertal.
1985–1994 Ausbildung zum Druckformhersteller, danach Facharbeitertätigkeit in Berliner Druckereien; parallel sechs Semester Drucktechnikstudium an der HdK Berlin. 1994–1998 Kommunikationsdesign-Studium an der Merz-Akademie in Stuttgart mit dem Schwerpunkt Text-Theorie-Konzeption; Diplomarbeit: *Digitaler Widerstand* – spekuliert über die digitale Zukunft unserer Gesellschaft. Seit 1998 als freiberuflicher Gestalter und Fotograf in Berlin tätig; Schwerpunkt der Arbeit sind die Entwicklung und Realisierung von Kommunikationsprojekten im Bereich Landschaftsarchitektur und Architektur.

1965 Born and raised in Wuppertal. 1985–1994 Trained as a manufacturer of printing plates, followed by work as a skilled craftsman in printing companies in Berlin; Concurrently, six semesters of studies in print technology/typography at the University of the Arts in Berlin. 1994–1998 Studies in communication design at University of Applied Arts, Design and Media in Stuttgart with a focus on text-theory conceptions; Diploma thesis: *Digital Resistance* – featuring speculations on the digital future of our society. Since 1998 Active as a freelance designer and photographer in Berlin, with an emphasis on the development and realization of communication projects in the areas of landscape architecture and architecture.

PROJEKTTEAM | PROJECT TEAM

Wir, Bernhard Schäpertöns, Werner Kuhnlein und Otto Schultz-Brauns, danken unserem Projektteam.

We – Bernhard Schäpertöns, Werner Kuhnlein and Otto Schultz-Brauns – would like to thank our project team.

Felix Bömeke	Jean-Pierre Oberholzer
Monica Constantinescu	Werner Olsacher
Christian Elhardt	Reza Rahbari Fard
Jürgen Grassler	Daniel Schäfer
Andreas Hacker	Steffen Schliffke
Jörg Handke	Jürgen Schmidt
Marion Hartmann	Johann Schneglberger
Frank Jungwirth	Jochen Solbrig
Markus Möckel	Dirk Weber
Andreas Müller	Inka Zachert
Andreas Näßl	Tobias Zehetbauer

PROJEKTDATEN

BESCHREIBUNG

Neubau der Schorgasttalbrücke mit Galerie über die Bahnlinie Bamberg–Hof im Zuge der Ortsumfahrung Untersteinach (B 289)

Mehrfeldrige Schrägseilbrücke, einseitige Aufhängung in der Kurveninnenseite an radial nach innen geneigten Pylonen, sieben Felder, schlanker Überbau

Länge der Talbrücke: 426 m

Länge der Galerie: 134 m

Konstruktionshöhe Überbau: 1,85 m

Sechs Pylone, Höhe jeweils ca. 25 m, 2 × 6 Seilfächer mit je 5 Seilen

3500 t Baustahl

1300 m vollverschlossene Seile, Durchmesser 110 mm

780 m Bohrpfähle, Durchmesser 150 cm, bis zu 54 m tief

Baukosten
Von 78 Mio. Euro für die Gesamtmaßnahme entfielen 42 Mio. Euro auf Talbrücke und Galerie.

Bauzeit
Ende 2017 bis Ende 2020

BAUHERR

Freistaat Bayern
vertreten durch das Staatliche Bauamt Bayreuth

ENTWURF, PLANUNG UND BAUÜBERWACHUNG

SRP Schneider & Partner Ingenieur-Consult GmbH
Kronach

BPR Dr. Schäpertöns Consult GmbH & Co. KG
München

SB Schultz-Brauns Planung GmbH
München

PRÜFINGENIEUR

Dr.-Ing. Erhard Garske, München

BAUAUSFÜHRUNG

Arbeitsgemeinschaft:
Ed. Züblin AG, Dresden
Züblin Stahlbau GmbH, Hosena

NACHUNTERNEHMER

Demler Spezialtiefbau GmbH + Co. KG, Netphen
(Bohrpfähle)

Fatzer AG, Romanshorn, Schweiz
(Seile)

Maurer SE, München
(Übergangskonstruktionen)

BT Bautechnik GmbH, Norderstedt
(Brückenlager, Seildämpfer, Seilmanschetten)

PROJECT DETAILS

DESCRIPTION

New construction of the Schorgasttal Bridge with gallery over the Bamberg–Hof railway line as part of the Untersteinach bypass (B 289)

Multi-span cable-stayed bridge with single-sided suspension from radially arranged inwardly inclined pylons, seven spans, slender superstructure.

Length of viaduct: 426 m

Length of railway gallery: 134 m

Construction height of superstructure: 1.85 m

Six pylons, each approx. 25 m high,
2 × 6 cable fans with 5 cables each

3500 t structural steel

1300 m fully locked cables, diameter 110 mm

780 m bored piles, diameter 150 cm,
up to 54 m deep

Building costs
Of the 78 million euros for the entire project, the construction of the viaduct and gallery cost 42 million euros.

Construction period
Late 2017 until late 2020

CLIENT

Free State of Bavaria
represented by the State Building Authority Bayreuth

DESIGN, PLANNING AND CONSTRUCTION SUPERVISION

SRP Schneider & Partner Ingenieur-Consult GmbH
Kronach

BPR Dr. Schäpertöns Consult GmbH & Co. KG
Munich

SB Schultz-Brauns Planung GmbH
Munich

APPROVALS ENGINEER

Dr.-Ing. Erhard Garske, Munich

CONSTRUCTION

Consortium:
Ed. Züblin AG, Dresden
Züblin Stahlbau GmbH, Hosena

SUBCONTRACTORS

Demler Spezialtiefbau GmbH + Co. KG, Netphen
(bored piles)

Fatzer AG, Romanshorn, Switzerland
(cables)

Maurer SE, Munich
(expansion joints)

BT Bautechnik GmbH, Norderstedt
(bridge bearings, cable dampers, cable collars)

BILDNACHWEIS | IMAGE CREDITS

Cover, 2, 3, 4, 6, 54, 68/69, 70/71, 72/73, 96/97,
98 links, 99, 100/101, 110/111, 112/113, 114,
116, 122/123, 124/125, 138/139, 140/141,
142/143, 144/145 / 146-149, 152, 156, 164,
170/171, 172/173, 180/181, 182, 186, 187,
188/189, 190/191, 192/193, 194/195, 197,
204, 207, 208/209, 212, 221, 222/223, 225,
226, 227, 229, 230, 235/236
Oliver Kleinschmidt

1, 30 oben | top
Staatliches Bauamt Bayreuth

5, 154/155, 157, 159, 161, 178/179, 200, 203,
205, 206, 214, 215-219
Monika Limmer

13
Till Budde

15 oben | top
kostenlose-fotos.eu

15 unten | bottom
istock.com/SeanPavonePhoto

16 oben | top
public domain/Privatbesitz

16 unten | bottom
public domain/Musée d'Orsay, Paris

17 oben | top
Andres Weber

17 unten | bottom
PhotostockAR/shutterstock

18 oben | top
365 Focus Photography/shutterstock

18 unten | bottom
Martin Abegglen

21 oben | top
Kurt Schnabel, Bayreuth

21 unten | bottom
Fotostudio Gut, Bayreuth

22
Bayerische Vermessungsverwaltung 2021,
EuroGeographics

26/27, 28, 55, 60/61, 198/199
Illustration: Jost Reckmann

34-35
Visualisierung: Vize

57
LfU Bayerisches Landesamt für Umwelt/
IB Jung GEOTECHNIK GmbH

62, 67 unten | bottom, 74, 78/79, 80 oben |
top, 81, 82/83, 86 links | left, 87, 88/89, 90/91,
92/93, 94/95, 102, 106/107, 118/119, 128 Foto
unten rechts | photo bottom right, 130/131, 134,
166/167, 168/169, 174/175, 176/177, 210/211
Reinhard Feldrapp

64, 65, 66, 67 oben | top, 104/105,
SRP Schneider & Partner
Ingenieur-Consult GmbH

80 unten | bottom, 85, 135
Ed. Züblin AG

108/109, 120, 121, 184/185
SRP Schneider & Partner
Ingenieur-Consult GmbH/Sebastian Buff

127, 128 Zeichnungen und 3D-Ansichten, 129
Fatzer AG Romanshorn, Schweiz

151
Christian Brensing

158
Hajo Dietz

160
Alfred Vießmann

Die Rechte für alle weiteren Bilder, Pläne und
Visualisierungen liegen bei

The rights to all other images, plans and
visualisations are held by:

BPR Dr. Schäpertöns Consult GmbH & Co. KG

Die Rechte für Pläne und Visualisierungen für
den Wettbewerbsentwurf liegen bei

The rights for plans and visualisations created for
the competition entry are held by:

BPR Dr. Schäpertöns Consult
GmbH & Co. KG

SRP Schneider & Partner
Ingenieur-Consult GmbH

SB Schultz-Brauns Planung GmbH

IMPRESSUM | IMPRINT

© 2023 by jovis Verlag

Ein Verlag der Walter de Gruyter GmbH, Berlin/Boston

An Imprint of Walter de Gruyter GmbH, Berlin/Boston

Umschlagmotiv Cover:
Oliver Kleinschmidt

Interviews, Textentwürfe
Interviews, text drafts:
Christian Brensing

Übersetzung Translation:
Julian Reisenberger
Michael Wachholz

Lektorat Copy-editing:
Michael Wachholz
Raymond Peat

Korrektorat Proofreading:
Jutta Ziegler (Deutsch | German)
Patricia Kot (Englisch | English)

Gestaltung und Satz Design and setting:
Oliver Kleinschmidt

Lithografie Lithography:
Licht & Tiefe, Berlin

Druck und Bindung Printing and binding:
Druckhaus Sportflieger, Berlin

Bibliografische Information der Deutschen Nationalbibliothek: Die Deutsche National-bibliothek verzeichnet diese Publikation in der Deutschen Nationalbibliografie; detaillierte bibliografische Daten sind im Internet über http://dnb.d-nb.de abrufbar.

Bibliographic information published by the Deutsche Nationalbibliothek: The Deutsche Nationalbibliothek lists this publication in the Deutsche Nationalbibliografie; detailed biblio-graphic data are available on the Internet at http://dnb.d-nb.de.

jovis Verlag
Genthiner Straße 13
10785 Berlin

www.jovis.de

jovis-Bücher sind weltweit im ausgewählten Buchhandel erhältlich. Informationen zu unse-rem internationalen Vertrieb erhalten Sie in Ihrer Buchhandlung oder unter www.jovis.de.

jovis books are available worldwide in select bookstores. Please contact your nearest bookseller or visit www.jovis.de for information concerning your local distribution.

ISBN 978-3-86859-685-4